Christa Rosenberger

Augen-Blicke

Ein Frankfurt Buch

1. Auflage 2009

Copyright 2009

by Books on Demand GmbH,

Norderstedt

Printed in Germany

Herstellung und Verlag:

Books on Demand GmbH, Norderstedt

ISBN 978-3-8391-3493-1

Begegnungen und Beobachtungen,
Gedichte, Gedanken und Notizen,
Impressionen und Alltagsgeschichten von
gestern und heute.

Prosa und Poesie,
Liebenswertes und Interessantes,
Heiteres und Melancholisches
rund um Frankfurt.

Den Freunden Frankfurts gewidmet,
wer immer sich dazu zählen mag…

Einmal Frankfurt und zurück

Es ist 12.50 Uhr. Ein sonnenwarmer Donnerstag. Im Verkehrsamt nimmt uns unsere Reisebegleiterin in Empfang. Brav trippeln wir hinter ihr her. „Wir", das sind 40 erwartungsvolle deutsche, amerikanische, englische und japanische Zeitgenossen, die gerade eine sommerliche „Frankfurt On Tour" per Panoramabus gebucht haben. Gegenüber der Paulskirche, der „Wiege der Demokratie", steht unser Bus, buntbemalt, klimatisiert und abfahrbereit.

Wir machen's uns bequem. Die beiden Damen aus Hildesheim verstauen ihre blau-rot bedruckten „Frankfurt"- Plastiktüten, drei US-Teenager mit T-Shirt-Aufdruck „Sea-World/Florida" packen Schokoriegel aus und knappern genüsslich daran, zwei schweigsame Elternpaare mit sechs Söhnen und Töchtern blättern gelangweilt in Broschüren, und ein englischer Geschäftsmann mit seiner englischen Lady vertieft sich in den Baedecker.
Gleich vier Sitzreihen nimmt eine amerikanische Großfamilie ein, deren Seniorin unaufhörlich in einem Rucksack kramt, während der jüngste Spross mit Spuckefingern einer Frankfurter Fliege Beine macht, die sich zu einem gemütlichen Mittagsschläfchen niederlassen wollte.
Den Rest unserer Crew bilden – an der Sprache kenntlich – ein wohlbeleibter Berliner, zwei aufgekratzte Sächsinnen und mehrere liebenswürdige Japaner, die freundlich nach allen Seiten lächeln.
Mr. Sukio Kan ist einer von den Söhnen Nippons, die ausgezogen sind, um die Krönungsstadt deutscher Könige und Kaiser persönlich in Augenschein zu nehmen. Seinen Namen trägt Herr Sukio Kann auf einem Schild am Rockaufschlag, damit er nicht verloren geht, und vor der Stadtrundfahrt stand er

9

artig Schlange, um sich für 26 Euro zweieinhalb Stunden Frankfurt zu kaufen.

Punkt 13.00 Uhr rollen wir in Richtung Hauptbahnhof, wo der andere Rest unserer Gruppe bereits wartet. Die Führerin begrüßt uns jetzt offiziell. Sie heißt Renate Meyer, und unser Fahrer ist der „Sigi."

Punkt 13.15 Uhr ist der Bus des Verkehrsvereins rappelvoll, gibt Frau Meyer das Signal zur Abfahrt, werden Filmkameras einsatzbereit gemacht, schwirrt es deutsch und englisch durcheinander, zwitschert es fernöstlich dazwischen.

Los geht's.

Sind zum Anfang ein paar Superlative gefällig? Bitte sehr!

Frankfurt hat von allen deutschen Städten die meisten Banken, Bäume und Benzinkutschen. Das größte Steueraufkommen und den höchsten Büroturm Europas. Die bedeutendste Börse und die mächtige Bundesbank. Die Mehrzahl aller kreativen Köpfe und den ersten Platz in der Kriminalstatistik. Ferner, hätten Sie's gewusst, genau 294 landwirtschaftliche Betriebe mit 845 Kühen, 330 Schafen, 2000 Schweinen und fast 5000 Hühnern.

Sigi steuert das Bankenviertel an, die „Wall Street" in Mainhattan. Frankfurt ist nur die fünftgrößte Stadt, sagt Frau Meyer in englisch und in deutsch, aber voller Geist und Geld, Wirtschaftskraft und Power. Links schimmert die Dresdner Bank durch filigranes Geäst, rechts erstrahlt die Deutsche Bank in gleißendem, hellem Mittagslicht. Mr. Sukio Kan und die anderen Gäste sind sichtlich beeindruckt, ist doch die Mainmetropole auf dem besten Weg, der Londoner City den Rang abzulaufen.

Mehr als vierhundert Geldpaläste, Wolkenkratzer und Türme, die in den Himmel wachsen, gibt es bei uns, und es werden immer mehr.

Vorne jetzt das Karmeliterkloster und wieder eine Bank, eine ganz vornehme sogar, die von den Bethmanns.

Im Nizza „Corner" scheint die Sonne, der Main glitzert. Enten schnäbeln, und am Uferrand findet ein Treffen weißer Schwäne statt. Flügelschlagend kommen sie zur Ortsbesichtigung angerannt. Erste „lovely"-Ausrufe.

Frau Meyer gehört nicht zu jener Sorte Fremdenführern, die von der Idee besessen sind, Touristen hätten nur Sinn für die Historie und nichts übrig für die Gegenwart. So erfahren Mr. Sukio Kan und wir, dass Frankfurt zu den größten deutschen Binnenhäfen-Städten zählt, dass unser Airport Deutschlands Tor zur Welt ist, und dass es derzeit 660.000 Einwohner gibt (mehr weibliche als männliche).

Wir fahren über den Main „River". Die Story von Karl dem Großen und seiner Franken-Furt ergibt die Gelegenheit, auf den sich nähernden 1200. Geburtstag der Stadt hinzuweisen – ehe wir das Museumsufer erreichen.

Prominente Namen, Kunst und Kultur im Zeitraffer: Städel, Kommunikationsmuseum, Völkerkunde-Sammlung, das Architekturmuseum, ein schneller, schräger Blick nach drüben, auf die andere Mainseite, zum Jüdischen Museum und schließlich der weiße Traum des Richard Meier, das Museum für Kunsthandwerk.

Jetzt chauffiert uns Sigi nach Sachsenhausen. Mit Klappergassen-Atmosphäre und der Frau Rauscher, mit Tipps für Grüne Soß' und Handkäs' mit Musik und mit der Philosophie des Ebbelweins (man trinkt ihn pur oder gespritzt) werden die Ladies und Gentlemen vertraut gemacht.

Mr. Sukio Kan lächelt wissend und höflich.

Über die Alte Brücke („der schönste Blick auf die Sykline"), dann der „hochgotische" Dom von außen. Den hochgotischen Dom von innen schenken wir uns.

Das berühmte „Tortenstück" des Museums für Moderne Kunst von Hans Hollein und endlich der Römer.
Unser Bus hält, wir steigen aus. Die Glocken der Nikolaikirche läuten, überall wimmelt es von Uniformierten. Eine Demo? Nein, nur die Hochzeit eines wackeren Polizeimannes, dessen Kollegen Spalier stehen. Später fallen die Tauben ein, stolzieren über verwehte Rosenblätter, picken die letzten Reiskörner auf, setzen sich der betagten Justitia respektlos mitten aufs edle Haupt, und unsere Japaner knipsen begeistert.
„Wir gehen nun", sagt Renate Meyer, „ins leider etwas hässlich geratene Historische Museum."
Dort stehen wir dann alle einen Augenblick lang stumm und betroffen vor den Modellen des historischen und des zerstörten, des einmal gewesenen und des jäh untergegangen Frankfurts. Draußen umfängt uns Lichthelligkeit. Noch fünfzehn Minuten Heimatkundeunterricht auf dem Römerplatz vor neuer Mittelalter-Kulisse. „Marvellous" jubelt nicht nur unsere Britin angesichts der spitzgiebeligen Fachwerk-Idylle.

Weiterfahrt zum Goethe-Haus. Stopp an der Adresse Großer Hirschgraben 23. Hier gerät unsere kluge und charmante Lehrerin erstmals ins Schleudern. Die Küche von Frau Rath ist brechend voll, im Treppenhaus wogt es wie auf der Rolltreppe zur U-Bahn, eine Gruppe rauf, andere Gruppe runter. Sogar das stille Örtchen zwischen Efeu und Oleander ist belagert. Frau Meyer würzt ihren kulturhistorischen Vortrag mit amüsanten Anekdoten. Sie beschwört nicht weihevoll den Geist Goethes, lässt uns auch nicht ehrfürchtig den Atem der Geschichte schnuppern, sondern zeigt uns schlicht und einfach das Haus einer angesehenen und wohlhabenden Frankfurter Familie.

Es ist heiß im blauen Salon. Die Topfpflanze am Fenster lässt ihre Blätter hängen. Herr Metz, der Guide der anderen Gruppe, wischt sich diskret den Schweiß von der Stirn, eine der

12

Hildesheimer Damen beißt verstohlen in ein Schinkenbrötchen, und Herr Suko Kan macht sich Notizen.

Bei der Fahrt durch Frankfurts Vergangenheit wird man hart mit der Gegenwart konfrontiert.
Baustellen, Umleitungen, wütende, hupende Autofahrer, rücksichtslos Radfahrer, Gedränge und Getöse.
Für uns freilich ist Sightseeing mit Sigi hinter den getönten Scheiben unseres Busses völlig stressfrei.

Gesellschaftskritisch haben's Touristen offenbar nicht gern. Das scheint eine von Fremdenverkehrsstrategen gemachte Erfahrung zu sein, denn Brisantes wird sorgsam vermieden. Bau -und Bodenspekulationen, Schuldenberge, leere Stadtkassen und politische Querelen, Drogenprobleme und Gewaltverbrechen, sie finden nicht statt. Dafür viel anderes Frankfurt für 26 EURO: Interessantes, Wissenswertes, Amüsantes, Zeitgeschichtliches.

Wir passieren die Alte Oper, den Eschenheimer Turm, das Amerika Haus und das I.G -Farben-Gebäude. Lachend winkt unserem Bus unterwegs einer zu mit einem rotweinfleckigen Stoppelgesicht, in irgendeiner Ecke kauernd.

Letzte Rundfahrt durch das noble Westend mit seinen schönen Häusern und den stillen Straßen, wo feine alte Damen feine alte Hunde spazieren führen. Ein Schlenker nach Bockenheim, ein paar Daten über die Uni und den Hinweis auf Dinos und Urvogel im Senckenberg-Museum.
Früher war für die Offiziellen eine Stadtrundfahrt ohne Palmengarten wie ein Frankfurter Würstchen ohne Senf. Denn dort, in Frankfurt grünstem Park, da gab es so manches Gruppenbild mit Damen und oft vielstimmiges Entzücken über Palmenwedel und Wasserfall, Bananenstauden und Buyna - Baum. Es gab Brotkrumen für die Monstergoldfische und ein

„Hallo" an die Adresse der Papageien. Exakt eine Viertelstunde war dafür eingeplant.

Heute düsen wir am Palmengarten vorbei, und schon erwartet uns von weitem Jonathan Borofskys „Hammering Man", die Symbolfigur für das „Big Business".

Dann das Messegelände (noch einmal eindrucksvolle Zahlen von unserer Führerin), die allerletzte Bank, der Hauptbahnhof, architektonisches Juwel der Gründerzeit.

Beifall und bye-bye. Die letzten Meter Film sind abgespult. Mr. Sukio Kan verstaut seinen Fotoapparat und zieht das Notizbuch aus der Tasche.

Frankfurt kann abgehakt werden.

Der Feuerschlucker

Am Morgen gehört der große Platz vor der Alten Oper noch den Bankenmännern mit den Aktenköfferchen, in ihren schwarzen Anzügen und den weißen Hemden. Um die Mittagszeit gehört er schon den Flaneuren, den kleinen bauchfreien Mädchen, den Rollerbladers und den Touristen. Am Nachmittag aber ist es der Platz des Feuerschluckers. Er steht da, stolz wie ein Stierkämpfer in der Arena, und präsentiert seinen entblößten Oberkörper – die drachentätowierte Brust und den adlergeschmückten Rücken – einem neugierigen Publikum.

Dann eröffnet er mit großen, theatralischen Bewegungen die Show. Er verscheucht die Kamera -und fotobewaffneten Touristen, denen er erst viel später mit herablassender Handbewegung den Start zur allgemeinen Knipserei freigibt. Er kniet sich nieder, versinkt minutenlang in Meditation, tänzelt elegant wie ein Seilkünstler ein paar Schritte vor und ein paar zurück und beginnt mit seinen beinahe rituellen Handlungen. Er ergreift eine der Flaschen, die auf dem Boden stehen, und trinkt in langsamen Schlucken Benzin, so wie andere Leute Bier trinken. Die Flüssigkeit behält er im Mund, dann entzündet er eine Fackel, während die Menge um ihn teils ehrfürchtig staunend erschauert, teils respektlos grinsend johlt. Der Mann wischt sich jetzt mit einem schmutzigen Tuch den Schweiß von der Stirn, vollführt eindrucksvolle, pantomimische Gesten und Gebärden der Angst und Panik, schnaubt wie ein nervöses Ross und hält die Fackel vor den Mund, aus dem der Atem strömt, und dann trinkt er wieder aus der Flasche und bläst erneut und immer wieder und wieder, bis er sich schließlich als Höhepunkt die brennende Fackel tief in den Rachen stößt.

Die Menschen schreien jetzt und feuern den Feuerschlucker an,

und sie jubeln und lachen und werfen ihm silberne Eurostücke
und kupferfarbene Cents in den schäbigen schwarzen Hut.

Als er mit der Vorstellung fertig ist, prasselt noch immer der
Geldsegen auf ihn nieder, aber jetzt sind auch blecherne Knöpfe
darunter und verbogene Kronenkorken,
alte D-Mark-Pfennige und allerlei Münzen in fremden
Währungen.
Da wird der Feuerschlucker zuerst böse und schimpft und
gestikuliert; dann werden seine Bewegungen unsicher, hilflos
fast, und sein Lächeln wird müde und traurig.

Doch da gehen sie bereits, die Touristen, die vorher um ihn
herumstanden, und es kommen neue. Kinder bestürmen ihre
Eltern, damit sie ebenfalls stehen bleiben und zuschauen.
Da wird aus dem müden Lächeln des Feuerschluckers auf dem
Frankfurter Opernplatz ein herausforderndes Lachen. Der Mann
mit dem Drachen auf der Brust und dem Adler auf dem Rücken
gibt sich einen Ruck und fängt mit seinem Spiel von vorne an.

Die „Kö" - eine Höchster Straße

Eine Straße beschreiben. Von einer Straße erzählen. Ihr Gesicht beleuchten, die schöne und die hässliche Seite. Ihre Falten, Furchen, Lebenslinien nachzeichnen. Ihre Kanten und Ecken fühlen, die Brüche und den Neubeginn. Spurensuche.

Die Königsteiner. Verkehrsweg, Einkaufsmeile und Kurpromenade.
In die Zeit zwischen 1802 und 1866, als das Land Nassau Macht und Einfluss erringt, fällt der Bau der großen Landstraße zwischen dem Frankfurter Stadtteil Höchst und der Taunusstadt Königstein - eine der längsten Straßen weit und breit, die die Felder und Wälder rund um die Orte Unterliederbach, Sulzbach, Bad Soden und Neuenhain durchschneidet.
Bei dem Bau der Straße fanden die Sandsteinfundamente des letzten Galgens, an dem eine Kindsmörderin aufgeknüpft worden war und der dann zusammen mit den anderen Hinrichtungsstätten im Jahr 1816 abgeschafft wurde, Verwendung und keiner erhob dagegen irgendwelche Einwände. Geplant und abgesteckt war die Chaussee schon in Kurmainzer Zeit, von etwa 1770 an. Aber die Revolutions - und Befreiungskriege und die Heereszüge Napoleons verzögerten den Weiterbau bis in die Nassauische Zeit hinein.

Geschichte und Geschichten. Mit der Gründung der Farbwerke Hoechst, 1863, wurde der Grundstein einer bedeutenden Industriestadt gelegt und wenig später marschierten schon „Rotfabriker" der frühen Jahre über das Pflaster der Königsteiner. Das erste Haus, das an der neuen Straße entstand, war das „Batzenhaus" in Neuenhain, ein bekanntes Gasthaus, das schon Herrn Bismarck Speis, Trank und Logis geboten hatte. In seiner Nachbarschaft errichtete ein Fräulein Maria

Hildebrandt ein Erziehungsinstitut für adelige Damen und bald
hielten in der Königsteiner herrschaftliche Pferdekutschen, um
regierende Könige samt ihren Gemahlinnen hierher zu bringen,
damit die ihre Prinzessinnen-Teenagertöchter besuchen konnten.
Nach dem Tod des Fräuleins wurde aus dem prächtigen Palais
ein Arbeitererholungsheim, das „Anstalt" genannt wurde und
aus dieser Anstalt mit ihren Erkern, Türmchen, Säulen und
schnörkeligen Balustraden entstand im 1. Weltkrieg ein
Lazarett. Ein paar Schritte davon entfernt gründeten fromme
Schwestern an der Königsteinerstraße im jetzigen Bad Soden
das Erholungsheim „Gottestreu"und an der unteren Westseite
baute der begüterte Frankfurter Weinhändler Emil Schmidt für
sich und seine Frau Victoria die elegante Villa „Mon Repos."

Die Königsteinerstraße, die an Sulzbach vorbeiführt, streifte ein
Dorf, das damals „Käsbach" hieß, weil die Bauersfrauen sich
auf die Herstellung eines trefflichen Handkäses verstanden.
Noch heute erinnert in der Ortsmitte eine kleine Skulptur der
Künstlerin Hannelore Tegeder an diese bäuerliche Tradition, die
leider nie mehr aufgenommen wurde.
Der idyllische Ort, Sonntagsausflugsziel zahlreicher Höchster
Bürger, lag inmitten von Wiesen und Feldern und an die viel
befahrene B 8 und an die gesegneten Pfründe eines späteren
Einkaufsparadieses mit Konsumpalästen und Kinogiganten
dachte in jener Zeit noch kein einziger Sulzbacher auch nur im
Traum.

Die Königsteiner in Höchst. Tagtäglich eine Straße der 1001
großen und kleinen Schritte. „Rutsch" nannten die Flaneure in
den zwanziger Jahren ihren Bummel-Boulevard. Und als die
Leute reicher und die Läden vornehmer wurden, hieß die Straße
„Kö"! Zahlreiche Schmuckgeschäfte, Bäcker -und Metzgerläden
und gemütliche Cafes mit reich verzierten Torten und Kuchen,
mit Tüllgardinen, Samtsesselchen und viel Plüsch entzückten

die Pistengänger von damals. Die Schuhsalons auf der Königsteiner waren zu jener Zeit eine Besonderheit, denn in der Nähe des Höchster Bahnhofs gab es die Schuhfabrik Ada-Ada und die belieferte auch den Laden von Oker, wo als Attraktion ein großer, grauer Kasten stand, der Füße röntgen konnte, damit die Verkäuferinnen wussten, ob Schuhe wirklich passen. Vor allem die kleinen Mädchen und Buben starrten jedes Mal fasziniert auf ein Skelett ihrer Füße - heute undenkbar und längst verboten.

Die Kinderaugen strahlten auch über „Lurchi", den gelb-schwarzen Salamander, der nach jedem Einkauf zusammen mit einem kleinen Heftchen überreicht wurde.

Ein scharfer Schnitt.
Die Königsteiner als Parade -und Aufmarschstraße der Nazis.
Das dumpfe Dröhnen von Springerstiefeln.
Am 1. April 1933 schreibt die Lokalpresse: „Die Maßnahmen zur Durchführung des Boykotts der jüdischen Geschäfte vollzogen sich in Höchst mit voller Wucht, aber in vollständiger Ruhe und Ordnung. In der Königsteinerstraße hatten sich zahlreiche Menschen eingefunden, die lernen wollten, „wie man Geschäfte schließt". Mit welcher Einfachheit dies vonstatten ging, hätten wohl die meisten nicht geglaubt. Kurz vor der angesetzten Zeit erschienen SA-und SS-Leute, postierten sich vor die Ladeneingänge und stellten Schilder auf mit der Aufschrift: „Juda hetzt gegen das erwachte Deutschland. Kauft nicht bei Juden!"
Niemand störte die Leute und das war auch gut so. Die meisten jüdischen Geschäfte schlossen ihre Läden vollständig, einige hatten überhaupt nicht geöffnet. Die Polizei hatte lediglich etwas Arbeit mit der Verkehrsregelung, da es zeitweilig auf der Königsteiner zu kleinen Stockungen kam…"
Soweit die Zitate aus dem Zeitungsartikel.

Vernichtet, ausgelöscht und in die Vergangenheit abgedrängt, sollten sie werden, die beliebten und bekannten jüdischen Geschäfte in der Königsteinerstraße. Die Erinnerungen daran lassen sich freilich nicht einfach wegwischen, sind unverwüstlich, wie alte, zerfledderte Stadtpläne. Die Erinnerungen an den Bäcker „Judd Hirsch" zum Beispiel, der dienstags und donnerstags das Matzenbrot verkaufte und auch christliche Weihnachtsplätzchen anbot und Nikolaus-Männer aus Schokolade.

Die Erinnerungen an das Konfektionshaus Hugo Levy, Ecke Taunusstraße, an das berühmte Kaufhaus Schiff, Mäzene und Wohltäter ihrer Zeit, an die Würzburgers, Mathilde und Julius, Fachleute für Bekleidung, an den Gustav Carsch, Spezialist für feine Herrenmoden, an das Warenhaus Wolf und an den Gemischwarenhändler Hammerschlag.

Viele Jahre jüdisches Leben in Höchst. Und die Königsteinerstraße spielte in diesem Leben eine besondere Rolle.

Die „Kö" nach dem 2. Weltkrieg. Nachkriegsarchitektur, hektische Geschäftigkeit. Plattenbauten und Kunststoff-Fenster. Cafes, die zu Eisdielen werden, Sonnenstudios, Drogeriemärkte, Billigläden, eine Kneipe am Eck, ein Wirtshaus mit Jägerschnitzel und italienischer Nudelsuppe. Aber auch die alte Buchhandlung Pfeifer mit ihrem Antiquariat und ihren skurrilen beiden Inhabern, die jedes Buch kannten und fanden.

Die Hausnummern zwei, vier und sechs. Häuser der Jahrhundertwende mit Sandsteinornamenten, Fresken und Stuckverzierungen. Gediegene Bürgerlichkeit mit langsam abblätterndem Putz.

Aufbrüche und Zeitsprünge.

Den legendären Schupo von der Kö, den alle wegen seiner theatralischen Armgymnastik nur den „sterbenden Schwan" nannten, ihn gibt es längst nicht mehr. Auch der Zeitungskiosk von Tante „Lotte" ist lange schon verschwunden.

Die Königsteiner wird zur Fußgängerzone, zu einer City, wo das pulsierende Herz einer Industriestadt schlägt. Obelisken flankieren den Ein -und den Ausgang in die moderne Konsumwelt der Farbenstadt, ein anderer Rhythmus dirigiert jetzt die Schritte der Bummler, neue Läden siedeln sich an, dem alten Gesicht der Kö wird ein neues Make-up verpasst.

Szenenwechsel. Die Königsteiner als Lebensader. Ein bisschen Hanauerlandstraßen Feeling, ein Forum für heimatliche Gefühle. Nachbarn, die seit Generationen hier wohnen und arbeiten. Arztpraxen und Apotheken, vom Vater auf den Sohn vererbt, Boutiquen und Bäckerläden, die schon Jubiläen feiern konnten, historische Gaststuben und eine Hähnchenbraterei aus den Sechzigern.

Namen und Adressen: Dieter Schmiedel, Schauspieler beim Frankfurter Volkstheater, studiert hier seine Rollentexte. Graphiker und Werbeleute brüten über originellen Entwürfen, ein Drehorgelbauer, der nie interviewt werden wollte, hat lange die Phantasie beschäftigt.

Das Höchster Ballettzentrum, das einzige weit und breit, logiert an der Königsteiner Nr. 47, der Bildungsschuppen in der Hausnummer 49 und die Werkstatt eines Restaurators und Schreinermeisters liegt in einem romantischen Hinterhof der „Kö."

Der Holzfachmann Wolfgang Grün hat vor Jahren die sechzig wertvollen antiken Einrichtungsprunkstücke aus dem Bolongaropalast prächtig „aufgemöbelt" – mit Schellack und Knochenleim, den er auf dem Flohmarkt ergattert hat.

Doch dann ändert sich das Gesicht der „Kö" erneut.

1999 wird der größte Arbeitgeber der Farbenstadt, die Firma

Hoechst AG, zerschlagen und das Werksgelände zu einem Industriepark umfunktioniert.

Fassungslos und bestürzt verfolgen Belegschaft und Bewohner das Geschehen. In die Resignation und in die Wut der Mitarbeiter und ihren Familien mischen sich Trauer und Wehmut und die Erinnerungen an „ihre" alte Rotfabrik. Noch lange werden sie verstört sein und auf der Suche nach der verlorenen Zeit!

Höchst aber erleidet eine Wandlung, hin zum Negativen, die freilich schon begann, als das früher zuständige Landratsamt und jetzige Kreishaus nach Hofheim verlegt wird.

Der Niedergang eines traditionsreichen Stadtteils.

Das Kaufhaus Hertie schließt seine Pforten und wird abgerissen. Andere renommierte Geschäfte folgen dem Beispiel. Die Königsteiner als Wohnstraße ist nicht mehr attraktiv, viele Höchster Bürger zieht es in den Taunus. Noch mehr alteingesessene Läden müssen schließen, weil ihre Kunden zum Einkauf ins nahe Main-Taunus-Zentrum strömen. Billigläden, Bierkneipen und Kebap Restaurants halten Einzug in die Königsteinerstraße, Hauswände tragen fragwürdige Parolen, Hinterhöfe vergammeln, Tauben fliegen durch zerborstene Fenster, arbeitslose Jugendliche ziehen gelangweilt um Häuserblocks meist in latenter Gewaltbereitschaft. Zu viele Menschen mit Migrationshintergrund bevölkern den Frankfurter Stadtteil; über 50 Prozent beträgt der Anteil der ausländischen Mitbürger.

Es fallen Worte wie Verödung und Slum-Situation der City, es formiert sich ein Freundeskreis, der für bessere Zeiten zu kämpfen bereit ist und eine Interessensgemeinschaft Höchster Geschäftsleute gründet sich, um den Quartieren ihren Glanz wiederzugeben.

Langsam ändert sich das Antlitz der alten Dame. Zwischen den türkischen Warenhäusern, die bislang das Bild der Königsteiner geprägt haben, eröffnen neue Cafestuben und kleine Bistros. Blumen und Bänke werden aufgestellt und verschönern die „Kö". Einheimische und ausländische Familien, Hausfrauen, die vom Markt kommen, Mütter mit Kindern, Rentner, Spaziergänger, Piercingmädchen, sie alle sitzen an schönen Tagen unter Sonnenschirmen mitten auf der Strasse, essen Eis, oder trinken einen Cappuccino und betrachten das pulsierende Leben. Wie eine Verheißung steht am Eingang zur „Kö", auf dem neu gestylten Dalbergplatz, die „Windsbraut", eine Stahlskulptur der Frankfurter Bildhauerin Nele, die frischen Wind in die alte Straße wehen soll und schon nach kurzer Zeit zu einer Symbolfigur geworden ist.

Spätestens nach der Bahnunterführung kommen dann noch einmal die Erinnerungen hoch und gleichen sich die Bilder von gestern und heute.
Nach Unterliederbach hin wird die Königsteiner zur Lindenallee. Und Carlheinz Döring wird wieder präsent. Bilder von einem großen, hageren, grauhaarigen Mann, der schon ein Baumfreund war und erbittert um sie kämpfte, als es die Profi-Naturschützer noch nicht gab und die „Grünen" gar nicht erfunden waren.
Ein Verrückter war er, ein Besessener, der im Alleingang in einer privaten Rettungsaktion damit begann, die mächtigen 120 Lindenbäume der Königsteiner wieder „auf die Beine" zu stellen, sie vor einem langsamen Erstickungssterben durch einzementierten Asphalt zu retten. Der Rentner und gelernte Landschaftsgärtner, der irgendwann einmal aus dem Nichts aufgetaucht und wohl durch das soziale Raster ins Abseits gerutscht war, fragte niemanden um Erlaubnis. An einem Morgen war er plötzlich mit Spaten und Pickel gekommen, hatte die Bürgersteinkanten aufgehackt und große Gräben

gezogen, um das Erdreich aufzulockern. Man schickte ihm die Polizei auf den Hals, Fotografen und Reporter aus anderen Städten wurden auf ihn aufmerksam und berichteten über seine einsamen Baum-Bemühungen. Es gab aber auch Zeitgenossen, die nicht zornig, sondern nachdenklich wurden und spätere Baumpatenschaften für „ihren" Lindenbaum vor der Haustür übernahmen. Der damalige OB Rudi Arndt schickte Geld und eine offizielle Belobigung und eine Gruppe gerade erst gegründeter Umweltschützer war so beeindruckt, dass sie die erste Bürgerinitiative in Höchst ins Leben rief.

In den folgenden Jahren wurde Döring der Schrecken aller Ämter und Behörden. Oft schlug der hartnäckige alte Mann über die Stränge in seinem Fanatismus und in seiner fast krankhaften Liebe zu den Bäumen, seinen Schützlingen. Mit dem Frankfurter Garten Amt lag er im Dauerclinch und doch hat Döring unendlich viel bewirkt, hat verkrustete Mechanismen aufgeweicht, hat durch sein Beispiel einen schwerfälligen bürokratischen Apparat in Bewegung gebracht. Fortan wurden die Baumschutzvorschriften beachtet, Baumscheiben wurden eingeführt und Hinderungspfosten, die das Parken der Autos unmöglich machten. Die ältesten Lindenbäume in der Königsteinerstraße hat der Rentner dennoch nicht retten können. Auch eine Resolution der Unterliederbacher Bürger blieb ohne Erfolg. Nach und nach wurden die meisten Bäume mit einem roten Punkt versehen, untrügliches Zeichen für ihr Todes -und Fällurteil. An ihre Stelle wurden junge Bäumchen gepflanzt, die inzwischen schon wieder zu stattlichen grünen Freunden geworden sind.

Carlheinz Döring aber wanderte nach Bayern aus. Denjenigen Menschen, die seine Sorge um die Straßenbäume teilten, schickte er dann und wann noch ein Lebenszeichen. Dann aber hat man nichts mehr von ihm gehört.

Der Übergang von Höchst nach Unterliederbach vollzieht sich

fließend.

Supermärkte machen sich hier jetzt gegenseitig Konkurrenz, der Verkehrslärm brüllt Tag und Nacht und im Sommer des Jahres 1980 musste das alte Haus mit der Nummer 74 dran glauben. Irgendwann war der Kran plötzlich da. Hatten sich die Baggerzähne tief in die Mauern des alten Hauses gegraben, offene Wunden geschlagen, Stein für Stein gefressen, die Erinnerungen von hundert Jahren und mehr herausgerissen und verschluckt. In ein paar Tagen war vom alten Haus nicht mehr übrig. Ein Trümmerhaufen nur, eine schmutzige Leere, verblassende Fotografien in der Schublade einer Kommode.

Es war nie eine Schönheit, das alte Haus, besaß keine Schnörkel, keine Stil Ornamente, keine klassische Fassade. Es war ein grundsolider Bau mit schweren Wänden und einem Gewölbekeller, in den sich die Bewohner des Hauses in den Kriegsnächten flüchteten und der immer schon genutzt wurde zur Lagerung von Äpfeln und Wein, von Gläsern mit Birnenkompott und Pflaumen.

Das alte Haus wurde in den frühen siebziger Jahren des vorigen Jahrhunderts von den Brüdern Butzer gebaut, die auch den Altar der evangelischen Stadtkirche entworfen hatten. Eine angesehene Familie. Der eine Bruder war Bürgermeister von Neuenhain, der andere ein Professor, der dritte Schreinermeister. Die Schaukelpferde, die er in Handarbeit gefertigt hat, sie standen einst in Reih und Glied im großen Hof und lockten die Nachbarskinder in hellen Scharen an.

Überhaupt die Kinder. Sie waren hier immer schon gern gesehen. Auch später, als der Schreiner Peter Mentz das Haus und den Hof und den großen Garten von den Butzers abkaufte. Die drei Mentz-Kinder spielten mit den Buben und Mädchen von halb Unterliederbach. Hof und Garten gingen ineinander über und waren mit ihren unzähligen Obstbäumen, Büschen und Hecken ein einziges, verwunschenes Kinderglück.

Im hinteren Teil vom Hof gab es ein Gartenhäuschen mit Bänken und Tischen, wo der Großvater und die Großmutter an heißen Sommertagen mit der Metzgers Frau und Nachbarin von nebenan zusammen saßen.

Wochentags gehörte der Pavillon den Kindern und ihren Freunden und Spielen. Später wurde der riesige Garten unterteilt. Ein Gärtner kam, stellte Brunnentröge auf und baute Gewächshäuser. Legte Beete an und pflanzte Blumenrabatte. In der Weihnachtszeit verkaufte er Tannenbäume, die im großen Hof übereinander gestapelt lagen und hinter denen sich die Kinder versteckten.

Dann kam der Krieg. Eine der ersten Brandbomben fiel auf das alte Haus in der Königsteinerstraße 74. Der Vater und die jüngste Tochter entdeckten das Feuer im Dachgeschoß. Eine Weile darauf zerstörte eine zweite Bombe die Werkstatt und die Lagerhallen. Meterhoch loderten damals die Flammen, die in den Holzvorräten überreichlicher Nahrung fanden und viele Schaulustige anlockten.

Nach dem Krieg starben schon bald der Großvater und die Großmutter. Der Sohn und die eine Tochter blieben im Haus. Ihre Kinder – die Enkel – spielten jetzt im nunmehr gepflasterten Hof Fußball oder Tischtennis, und wieder 20 Jahre später schob die Urenkelin den Puppenwagen über holprige, gras bewachsene Wege und Kiesrabatten.

Vor zwei Jahren wurde der Garten zubetoniert und in Parkplätze fürs nahe Krankenhaus verwandelt. Im verbliebenen Rest vom alten Garten sammelte sich Gerümpel an. Ausrangierte Matratzen, ein verrostetes Kinderbett. Der mächtige Nussbaum trug auch in diesem Jahr noch dickschalige Früchte, und der Holunderbusch war schwarz voll Beeren.

Die Bewohner vom alten Haus sind ausgezogen. Sie haben das Haus und den Platz drum herum an eine Autofirma verkauft. Und der war das alte Haus jetzt im Wege. Statt ihm sollten moderne und funktionelle Ausstellungsräumer sein. Für chromblitzende Wagen mit vielen Pferdestärken unter der Haube.

Das alte Haus musste nun dran glauben. Nichts mehr wird künftig darauf hindeuten, dass es einst hier stand – auf grundsoliden Fundamenten.

Ade, altes Haus, leb wohl! Nur in der Erinnerung wirst du weiter hier stehen – schmucklos und schlicht in deinem Äußeren – aber mit viel Herz und Gemüt.

Das einzige Gotteshaus, das direkt an der Königsteinerstrasse liegt, ist die Unterliederbacher St. Johannes Kirche, die schon lange ihr hundertjähriges Bestehen feiern konnte. Ihr Gründer, der berühmte Pfarrer Emil Siering, gab der benachbarten Sieringstraße seinen Namen.

Einige Meter davon das imposante Fabrikgebäude der ehemaligen Schokoladenfirma Krapf und Arnold. Wer die Augen schließt, vermeint noch immer den süßlichen Duft ihrer Leckereien zu riechen.

Ansehnliche Häuser der Jahrhundertwende stehen am Ende der Königsteiner, ehe sie zur Ausfallstraße Richtung Königstein wird und am fünfundvierzigjährigen Main-Taunus-Zentrum vorbeiführt, das nach wie vor Käufermassen wie ein Magnet anzieht, schon wieder zu klein geworden ist und bald erweitert werden soll.

Erst in Bad Soden wird die Straße wieder jung, fängt mit der Hausnummer 1 an, wird zur lauten und lebhaften Einkaufsstraße (früher Kurpromenade) hin zum Kurpark, wo jetzt buntes Laub unter den Füßen raschelt, im Sommer aber die Kurgäste der Rhapsodie in Blue, oder den ungarischen Tänzen lauschen können, wo beim jährlichen Sommerfest tausende von Lichtern erglühen, wo Efeu an alten Bäumen hoch wächst, wo der Schwefelbrunnen sprudelt, leicht abführend und harntreibend, und der Wilhelmsbrunnen plätschert, der so salzig schmeckt wie ein Salzhering

White Christmas

Ein Supermarkt in Sachsenhausen. Rechts die Brottheke mit den frischen Backwaren, eine Wespe umschwirrt den Zwetschgenkuchen, eine Kundin möchte zwei Croissants und ein Baguette, ein alter Mann bezahlt umständlich drei Euro in kleinen Münzen und das Baby auf dem Arm der Mutter versucht, sich ein ganzes Schokoladenhörnchen in den Mund zu stopfen.
In der Ecke stapeln sich Blumen in einem Eimer: Rote und gelbe Rosen zwischen bunten Fertigsträußen, die schon welk geworden sind.

Die Kundin, auf dem Weg zum Obst, zu Äpfeln, Birnen und Bananen, fährt mit ihrem Wagen in Schlangenlinien um Zeitgenossen herum, die ihr den Weg versperren, weil sie genussvoll in Gartenmagazinen und Zeitungen blättern.
Wenig später steht die Einkäuferin vor den Regalen mit Milch, Butter, Yoghurt und Quark. Dann wandert sie weiter zu den sauren Sachen, greift nach einem Glas Gurken, packt eine Tube Bio-Senf in ihr Wägelchen und will sich gerade der Käsetheke zuwenden, als ihr Blick eine Reihe von Produkten streift, die sie gestern hier noch nicht bemerkt hat.
Sie tritt einen Schritt näher. Sie sieht: Original Aachener Printen in glänzendem Sternchenpapier, braune Lebkuchen mit weißem Zuckerguss in Packungen mit der Aufschrift „Frohe Festtage" und Butterplätzchen in Schachteln, auf denen kleine Engelchen Kerzen in den Händen halten.
Als sie sich die Augen wischt und etwas benommen in eine andere Richtung schaut, liest sie auf einem Hinweisschild vor ihr: „In Kürze treffen polnische Gänse" ein!

Verstört verlässt die Kundin den Supermarkt. Draußen ist der

Himmel blau, die Sonne scheint und Schwalben jagen sich in den Lüften. Die Menschen tragen T-Shirts mit kurzen Ärmeln und beladen ihre Autos mit Wasserkästen.
Es ist der 31. August

Shalom Israel

Frankfurt – Flughafen, Abflughalle der EL AL. Eilig
umherhastende Juden mit Schläfenlocken, Börsenmänner mit
Aktenköfferchen, aufgeregte Bildungsbürger, die sich um ihren
streng wirkenden Führer drängen (vielleicht ein pensionierter
Studienrat aus dem Nordend?) und in einer Ecke eine kleine
Pilgergruppe aus Niederbayern: Männer mit schwieligen
Händen und steifen Hüten. Die Frauen, rotgesichtige
Bäuerinnen, stumm vor Erwartung, halten eine Mutter Gottes
aus Gips fest an sich gepresst, in lila Tüll gehüllt und in Gold
und Blau unter einer Regenschutzhülle aus Plastik.
Mitten drin die Freunde Frankfurts, die auf dem Weg nach Israel
sind, um die lange schon bestehende Partnerschaft zwischen Tel
Aviv und der Mainmetropole wieder einmal zu vertiefen und -
als Nebeneffekt - die berühmte Bauhaus-Architektur der
Mittelmeerstadt zu studieren.
TEL AVIV, Flugplatz Ben Gurion.
Alle, die heute früh in Frankfurt aufgebrochen sind, um „ihr"
ganz persönliches Israel zu suchen und zu finden, wirbeln noch
einmal durcheinander, ehe sich ihre Wege trennen.
Die frommen Leute aus dem Bayerischen scharen sich um eine
Ordensschwester und warten auf den Bus nach Jerusalem, die
Kultur beflissenen Damen und Herren werden in einzelne
Gruppen unterteilt, die Juden begrüßen lautstark ein paar Frauen
in langen Gewändern, deren Haare als Zopf um den Kopf
geschlungen sind.
Die Freunde Frankfurts fahren durch die Allenby Road in Tel
Aviv zum Orientalischen Markt. Wie aus einem Kinderbuch
entsprungen, sehen sie am Rande des Highways ihr erstes
Kamel, das ernst und würdevoll und reich geschmückt vor ihnen
steht.

Dann Kultur pur: Das Nationaltheater, das Tel Aviv Museum, das HaAretz-Museum, die Ausgrabungsstätten am Nordufer des Yarqon und die ersten schneeweißen Fassaden der Bauhausbauten rings um den Dizengoff-Platz.

Es dämmert, als sie am Meer ankommen. Aus Jaffa schimmern die Lichter. Es ist Freitag, der Vorabend vom Sabbat, und am Strand singen und tanzen ausgelassen die Menschen. Eine heitere Stimmung, der sich auch die Freunde Frankfurts nicht entziehen können.

Irgendwann spricht sie ein alter Mann an. „Sind Sie Deutsche?" „Wo kommen Sie her?"

„Aus Frankfurt, das ist interessant, ich kenne Frankfurt!"

Und dann erzählt er, dass er jetzt in Jerusalem lebt. „Und früher habe ich eine Zeitlang in der Stadt gewohnt, die Hitler extra für uns Juden gebaut hat!"

Einige aus der Frankfurter Gruppe schauen sich ratlos an, ihre Frage hängt noch in der Luft. „Theresienstadt", sagt der alte Mann.

Rumpelstilzchen

Die Zeitungsnotiz will einem nicht aus dem Kopf gehen. Drei,
vier lapidare Sätze. Ein alter Mann ist tot. Sie fanden ihn am
frühen Sonntagmorgen. Der Körper von der Kälte erstarrt.
Erfroren? Die Nachbarn kannten ihn. Auch wenn sie nicht
wussten, woher er kam. Tagsüber saß er immer im Nizza, unten
am Main, auf dieser Bank in der Anlage. Den Kopf nach unten
geneigt. Irgendwann war er zum ersten Mal aufgetaucht. Man
nahm ihn hin. Ein Bettler halt. Ein Asozialer, wie viele sagen.
Einige Nachbarn nannten ihn einfach Rumpelstilzchen. Weil er
klein war, einen Bart trug und gebückt ging.
Ein Mädchen steckte ihm hin und wieder ein Geldstück zu. In
der letzten Zeit konnte man ihn oft am Höchster Bahnhof sehen.
Er trank Schnaps. Natürlich. Eine Frau erkannte ihn wieder, als
er am Kiosk stand. Ein graues, armseliges Bündel Mensch, den
alten Hut tief ins Gesicht gezogen. So, als wollte er alles
abwehren, was ihn bedrückt.
„Ich habe gezögert", erinnert sie sich, „ich wollte ihn mit in die
Wohnung nehmen, damit er sich wärmen, etwas essen könne.
Ich wollte ihm einen Wintermantel schenken...." Sie redet sich
jetzt ein, dass er wohl ohnedies nicht mitgekommen wäre.
Ob sich je einer wirklich um ihn bemüht hat? Am Montag las
man von seinem Tod. Ein kalter, einsamer Tod auf der
Parkbank. Unbemerkt, ganz allein war ein Mensch gestorben.
Während sich die anderen von den Strapazen eines
verkaufsoffenen Samstags erholten.

Jung – mit 92 Jahren

Die alte, weißhaarige Dame war keine bequeme Kundin. Sie ließ sich von der jungen, hübschen Boutique-Verkäuferin in der Goethestraße Dutzende fein gestrickter Pullis zeigen und wählte aus dem Sortiment mit Bedacht. „Ich denke an einen hellblauen, die Farbe würde gut zu meinem Haar passen", meint sie. Die Verkäuferin nickte freundlich und zustimmend und hatte im Übrigen eine Himmelsgeduld mit ihrer kritischen Kundin. Munter plauderte diese drauf los. „Wissen Sie, ich wohne in einem Frankfurter Altersheim und meine Freundinnen sollen ruhig etwas zu tuscheln haben. Das hebt die Atmosphäre. Ich liebe das."

Einige Zeit danach konnte man sie bei einer Tasse Kaffee beobachten. Sichtlich genoss sie ihren geglückten Einkauf und dachte wohl an ihre Mitbewohnerinnen im Altersheim und was die für Augen machen würden beim Anblick des himmelblauen Pullis.

Später sah man sie noch einmal. Sie saß auf der Bank an der Straßenbahnhaltestelle an der Paulskirche und unterhielt sich jetzt mit einer jüngeren Frau. „Man wird alt", meinte sie, „nun hat mich so ein Einkaufsbummel doch etwas angestrengt." Wie alt sie sei, fragte die Frau. „Im März bin ich 92 geworden", sagte die alte Dame und lächelte vergnügt.

Prügelknabe

Der dunkelblaue Kinderwagen mit dem Kind darin, stand im
Schneeregen vor dem Eingang zum Gemüsegeschäft in der
Bergerstraße. Dem Buben liefen Wassertropfen übers Gesicht.
Die Mütze und der Anorak waren schon völlig nass.
Plötzlich rappelte sich der kleine Kerl auf, kletterte aus seinem
Gefährt und lief mit wackeligen Schritten in den Laden.
Da kam die Mutter gerannt, zerrte ihn am Arm zurück, schrie:"
Hab' ich dir nicht gesagt, dass du in deinem Wagen bleiben
sollst?", und drosch auf ihn ein, dass der Junge vor Schrecken
nur „Mama, Mama" wimmern konnte.
Leute blieben stehen, betrachteten sich das Schauspiel. Ein
junges Mädchen fragte empört und mit lauter Stimme:
„ Musste das sein?" Die Frau entgegnete: „Das geht Sie nichts
an. Das ist mein Kind!"
„Leider", sagte das Mädchen und ging langsam weiter, „leider
ist das Ihr Kind!"

Erinnerungen

In der Frühe fielen die Bäume auf dem Höchster Marktplatz.
Gespenstig, lautlos und eilig vollzog sich ihr Sterben. Nur die
Frühaufsteher kriegten es mit, das Zerschneiden, Verpacken und
Abtransportieren auf Lastwagen.

Der Höchster Marktplatz, in Großelterntagen Freund der Bäume,
hat keinen Raum mehr für sie. Die Romantik ist dahin – aus –
vorbei. Die Marktfrauen wandern nicht mehr mit dem Bündel
auf dem Rücken einher, sondern kommen per Lieferwagen. Und
Autos brauchen Platz.
An heißen Sommern war es kühl unter den Bäumen. Im Winter
kam manchmal die Illusion einer verlorenen Kleinstadtidylle auf
mit allem, was dazugehört: einem Brunnen, an dem glitzernde
Eiszapfen hingen, einem verschneiten Marktplatz und
schneebedeckten Bäumen.

In Schweden gehen die Bürger auf die Straße. Sie protestieren,
lassen es nicht zu, dass man ihnen die Bäume wegnimmt. Wir
aber sind nicht in Schweden….

Sommersinfonie für Rasenmäher, Stichsäge und Heckenschere

Samstagnachmittag in Frankfurts grünen Stadteilen.
Gartenglück im Liegestuhl. Den Alltagsstress hinter sich lassen.
Lesen, dösen, träumen. Bilder im Kopf, Gedanken auf die Reise
schicken.
Dann plötzlich das Geräusch. Ein sonores Brummen zuerst. Als
es schriller wird, stiebt ein Rotschwänzchen-Paar erschreckt
vom Kräuterbeet hoch, reißt sich los von Liebstöckel, Lavendel
und den Läusen.
Der Rasenmäher vom Nachbarn ist in Aktion getreten. Ratternd
und unbeirrt zieht er seine Bahnen. Wurde nicht erst vor fünf
Tagen das grüne Paradies malträtiert?
Augen schließen, an etwas anderes denken. Endlich Stille,
freilich nicht lange. Weiter hinten kreischt jetzt eine Säge,
scheppert Metall, splittert Holz. Nur nicht nervös werden, das
Buch in die Hand nehmen und entspannen.
Eine Weile ist es ganz ruhig. Ein leichter Wind kämmt die
Grashalme, bläst einem versprengten Schmetterling
Rückenwind zu. So lange, bis eigentümliche Klopfzeichen über
Tannenwipfel und Trompetenblume wehen, regelmäßig,
treffsicher und exakt, wie der Aufschlag bei einem
Tischtennisspiel. Schwer zu lokalisieren, woher sie kommen.
Aber sie nerven, wie der berühmte Wassertropfen. Ping, Ping,
unruhiges Warten auf das Pong, Pong, die Seele klopft im
gleichmäßigen Rhythmus mit.
Dann wieder Stille. Gott sei Dank! Nur zwei Amseln, die in
Stereo flöten. Bienen, die den Lindenbaum umsummen. Wie
schön es ist, in die Sonne zu blinzeln und den Wolken
zuzuschauen, die sich inzwischen aufgetürmt haben wie die
prallgeschüttelten Kissen einer bayerischen Pensionswirtin.

Nachdenken über die Qualität von Gartengeräuschen in unserer Zeit und aus fernen Tagen.

Dichterfürst Johann Wolfgang liebte als Jüngling 1769 das Getöse der Gewitter, die vom Main her aufzogen. Seine Sehnsucht entzündete sich am heitern Gelächter der Nachbarn, die sich in ihren Gärten ergötzten, am Spiel der Kinder, am Lustwandel feiner Gesellschaften und an dem Rollen von Kegelkugeln.

Was war das? Kein heiteres Gelächter, dafür dringt ein lang gezogenes Zischen über Rosenbeete und kriechenden Knöterich. Nimmt ab, schwillt an. Der Nachbar von rechts, der mit dem alten weißen Kater, steht auf dem Dach seines Reihenhauses mit dem Bohrer in der Hand und trifft letzte Vorbereitungen für das Anbringen einer riesigen Satellitenschüssel. Irgendetwas schein nicht zu klappen; der Mann wirkt ratlos, der Arbeitsvorgang wird abgebrochen. Dafür ein neuer Rasenmäher, diesmal von links, ein altersschwacher Kasten, den Schluckbeschwerden plagen und der husten und rülpsen kann. Gleichzeitig quietschende, schnarrende Laute aus der Richtung von Herrn S. Muss er ausgerechnet heute seinen Jägerzaun neu streichen? Und dazu das Holz abschleifen?

Einfach ignorieren, nicht hinhören, tief einatmen, entspannen. In den Pausen, die Herr S. einlegt, ertönen Hammerschläge, die nicht einzuordnen sind. Kommen sie vom Eckhaus auf der anderen Straßenseite oder drüben von den Leuten mit der knallroten Markise. Egal, sie überdröhnen alles, sind quasi die Pauken in der Sommersinfonie für Rasenmäher und Stichsäge, Schlagbohrer und Heckenschere.

Ungebrochen ist die Kreativität der Hobbybastler und Häusle(um)bauer nach Feierabend und an den Wochenenden, wenn sie selbst dem Lärm in der City und am Arbeitsplatz entronnen sind. Ungebrochen auch der Drang von gestandenen „Bankern" und freizeitverkleideten Büromenschen, aus den

Kellern zu kriechen und ihren Krach nach draußen zu verlegen, sobald die Lüfte lind geworden sind.

Jetzt spielen sie den letzten Satz in der Heimwerker – Sinfonie. Noch einmal rattern furios die Motoren. Dann klatschen erste Tropfen vom Himmel, toben noch Kinder in einem Planschbecken, kichern und lachen vergnügt.

„Ruhe", brüllt jemand.

Gäste

Es ist soweit. Die tränenden Herzen tränen, die Ringelblumen ringeln sich, das Pink der Rosenblüten harmoniert haarscharf mit dem blassen Lila der japanischen Akelei und die Sonne strahlt von einem Himmel, der so blau ist wie der Rittersporn im buchsumkränzten Beet neben der Terrasse. Der Garten ist vorzeigbar. Einladungs-Zeit.

Ob das Wetter so bleibt? Der Herr Kachelmann von der Wetterkarte spricht von einem traumhaften Azorenhoch. Drei Schmetterlinge umschweben die Lavendelbüsche, der Rasen ist frisch gemäht, die Markise neu bezogen, die Kissen für die Stühle gewaschen und die Stoffservietten in feinen Nuancen auf Tischtuch und Teller abgestimmt.

Gut gelaunte Gäste sind was Wunderbares. Sie schleppen langstielige Blumengebinde an (feuerrote Gladiolen sind das ganz große Entzücken der Gastgeberin), für die in Eile entsprechende Vasen gefunden werden müssen, derweil das Gemüse verkocht, die Dinkelklößchen sich langsam im Wasser aufzulösen beginnen und die Tofuröllchen zu schwarzen Klümpchen werden. In der Diele verraten sie der leicht nervösen Hausfrau ausführlich das Geheimrezept ihrer Mitbringsel, welches die dankbar in Empfang genommen hat: Schraubdeckelgläser aller Größen mit rot-weiß karierten Schleifchen verziert und mit blümchengemalten Schildchen. Ihr Inhalt: Selbstgerührtes, Kaltgerührtes und mit viel Zucker Gekochtes von anderer Bäume Ernte, während im eigenen Garten der Sauerkirschenbaum Jahr für Jahr überquellende Früchte trägt, die außer den Amseln keiner mehr so recht zu schätzen weiß.

Die Hausfrau hat sich viel Mühe mit dem Essen gegeben und lange über gesunde Köstlichkeiten nachgedacht, die die Fleischesser und die Vegetarier gleichermaßen entzücken könnten. Sie hat zur Probe eine Karotten - Tarte gebacken, die leider nicht aus der Form ging, sie hat bei der Original Bayerischen Creme ein bisschen mit Vanille-Fertigpuddingpulver nachgeholfen und den süß-sauren Linsensalat aus einer kleinen geschmacklichen Irritation heraus kurzerhand wieder aus dem Programm genommen. Immer wieder hatte sich die Hausfrau geschworen, irgendwann einmal dem Computer einzugeben, WAS WER NICHT mag. Bernd, zum Beispiel, hasst Gurkensalat. Werner aus Rödelheim schüttelt sich, wenn er nur den Hauch eines korsischen Schafskäses im Auberginenauflauf erahnt und Gattin Carola muss mit dem teuren Olivenöl extra virgine regelrecht überlistet werden. Auch die Knoblauchfans und die Knoblauchgegner heißt es unter einen Hut, sprich an einen Tisch zu bringen - ganz zu schweigen von jenen lieben Gästen, denen grundsätzlich der Fisch zu viele Gräten und der Nachtisch zu viele Kalorien hat und die genüsslich über Salmonellen in Eiern und Würmern in Heringen zu plaudern vermögen. Ganz schlimm aber findet die Hausherrin ihre Freunde mit den Allergien. Schon seit geraumer Zeit hatte sie aus ihrer Küche die Kiwis verbannt und Erdbeeren und Sellerie waren für sie tabu, aber dass Fritz ausgerechnet beim Grünkernrisotto so ein komisches bitteres Brennen im Mund verspürte und Leni mit einem Schrei auf die Pilze reagierte, das war ihr neu.

Gemeinsames Essen, ob auf der Terrasse oder unter dem alten Birnbaum, macht großen Spaß. Auch wenn Peter panische Angst vor Wespen hat und mit Apfelstrudel und Vanilleeis ins Wohnzimmer flüchtet. Auch wenn der Wein schon wieder ein bisschen nach Kork schmeckt, was aber nur dem Hausherrn auffällt und der Hund sich entsetzlich vorm kommenden Gewitter fürchtet, das partout nicht kommen will.

Es ist spät geworden. Die Flaschen sind leer, die Gläser auch, der Aschenbecher voll und die Kerzen lang abgebrannt. Die Luft ist noch immer lau, der Mond blinzelt um die Ecke und alle gähnen.

Die Frau des Hauses aber freut sich schon jetzt auf den Tag, wenn sie als Besucherin mit riesigem Blumenstrauß und selbst gemachter Kirsch-Konfitüre vor der Tür ihrer Freunde steht, die zu einem kleinen, festlichen Dinner an einem milden Sommerabend eingeladen haben.

Betrachtungen über Müll

Mittwoch. Müllabfuhrtag. Ein paar Hunde nur. Bellen sich die
Nacht von der Seele. Im Sommer hätten sich hier längst die
Mitglieder des täglichen Orchesters versammelt, zur großen
Sinfonie für Rasenmäher, Stichsäge und Heckenschere. Im
Herbst wären die dissonanten Trompetenstöße der Laubbläser
dazugekommen. Jetzt aber, im Winter, herrscht Ruhe im Land.
Seit neun Uhr stehen die drei Tonnen geleert und gesäubert
neben dem Eingangstor, die grüne für Papier, die gelbe für
Plastik, die graue für die Haushaltsabfälle. In Reih und Glied
stehen sie stramm, genauso wie die Tonnen der Nachbarn von
links und der Nachbarn von rechts, nur hinten, am
Reiheneckhaus, wo im Vorgarten Unkrautblumen blühen und
das Kind Hannah mit "h" heißt, tanzt eine mit bunten
Aufklebern und der Lust am Label aus der Reihe.
Der Mann hasst Unordnung und liebt ein aufgeräumtes Leben.
Mit deutscher Gründlichkeit achtet er Gesetze, befolgt
Leitlinien, hält Gebote ein, zahlt pünktlich seine Steuern. Seine
Lieblingsvorschriften heißen Dosenpfand und Mülltrennung und
alles, was damit im Zusammenhang steht, findet sein besonderes
Interesse: Das Duale System, der grüne Punkt, die
Abfallgebühren, die Einsparungspreispolitik der
Bundesregierung, die Reststoffverwertung und natürlich die
Mülltrennung selbst. Er sammelt Verschlusskappen von
Sektflaschen, Kronenkorken vom Bier, trennt das Stanniol- vom
Schokoladeneinwickelpapier, den äußeren Karton von der
inneren Plastikumhüllung bei der Tiefkühlpizza, löst die
transparente Folie von Pralinenpackungen ab, sortiert
Hartplastik, Weichplastik, Kunststoffe, Cellophan, Aluminium,
reißt Pappe in kleine Stücke, hebt Papierschnipsel auf,
Bonbonpapierchen, die Klebeabreißstreifen von Briefmarken
und trägt seine Ausbeute jeweils in die grüne oder in die gelbe

Tonne. Weinflaschen und leere Marmeladengläser verteilt er im Container in die Öffnungen Grünglas, Braunglas und Weißglas und er geht niemals dienstags zu Bett, ohne vorher in den Abfuhrkalender geschaut zu haben, damit es für ihn am Mittwoch kein böses Erwachen gibt und die anderen Mülltonnen womöglich schon geleert sind, während er seine vergessen hat, vor die Tür zu rollen. Für seine Frau, die er erst zur Ordnung erziehen musste, ist er ein strenger Lehrmeister. "Hausmeister" denkt sie und wenn sie besonders böse denken will, denkt sie "Blockwart", denn regelmäßig führt er private Razzien durch, kontrolliert nicht nur die Abfallbehälter in seinem Machtbereich, sondern hebt dann und wann auch mal unvermittelt den Deckel der Nachbartonnen hoch, um einen prüfenden Blick auf deren Inhalt zu werfen, und so vielleicht Abgründe der Illegalität zu entdecken. Bei der Rollenbesetzung im spannenden Müllsortiertheater bleibt der Frau die Rolle der Statistin vorbehalten, die den Spielleiter fragen muss, ob zum Beispiel benutzte Tempotaschentücher zum Restmüll oder zum Papiermüll gehören.

Brezel für Buddha

Die Tochter sollte allein reisen, und die Mutter hatte sie zum
Hauptbahnhof gebracht. Sie waren viel zu früh gekommen, und
die Zeit dehnte sich endlos.
Schließlich kommt der Zug, und die Mutter sucht ein passendes
Abteil für ihr Kind, möglichst mit Frauen oder Ehepaaren mit
Kindern.
Plötzlich stutzt sie und glaubt vor einem Wesen aus einer
anderen Welt zu stehen: einem buddhistischen Mönch, gelb
gekleidet, kahl geschoren, völlig versunken in Meditation –
um ihn herum ohrenbetäubender Lärm und hektisches
Durcheinander. Ihn, den Jünger Buddhas, in seiner
konzentrierten Stille scheint dies alles nicht zu stören.

Doch jetzt hört die Frau einzelne Wortfetzen. Der Mönch
unterhält sich mit seinem Gegenüber. Er spricht von Frankfurt
damals und von heute, mit sehr heller, klarer Stimme und in fast
akzentfreiem Deutsch. Etwas von „Goethe" und „deutschem
Kulturgut" ist zu verstehen, und dann scheint der Fremde von
prosaischeren Dingen zu reden. Es geht um die „Frankfurter
Breeezel" (er zieht das Wort wie einen störrischen Esel), die er
einmal gegessen habe und die ihm so gut geschmeckt hätten.
Brezel? Die Frau wundert sich, wenn es noch Frankfurter
Würstchen gewesen wären!

Während die Mutter ihre Tochter unterbringt, geht ihr der Mann
aus dem fernen Tibet nicht aus dem Sinn und sein Loblied auf
eine Brezel. Vage erinnert sie sich, am Kiosk in der
Bahnhofshalle Brezeln gesehen zu haben, und eilt dorthin
Sie hat Glück und erwischt eine der größten, schönsten, und der
Zug auf Gleis 12 steht auch noch da.

Im letzten Augenblick, bevor er sich in Bewegung setzt, findet sie auch den buddhistischen Mönch wieder und überreicht ihm die Brezel: „Einen schönen Gruß aus Frankfurt!"
In seinem Gesicht spiegelt sich grenzenloses Erstaunen. „Ja, danke, aber woher wissen Sie....?" stammelt der Mönch verdutzt.
Doch die Spenderin ist schon längst wieder draußen, um dem fahrenden Zug und der langsam entschwindenden Tochter nach zu winken.

Bekanntschaft bei Radieschen

Sie warteten beide auf ihren Bus. Die gemütliche, rundliche, tiefschwarz gekleidete Mama aus dem fernen Griechenland und die Hausfrau, die vom Höchster Markt gekommen war. Beim gemeinsamen Warten ergeben sich menschliche Kontakte oft von selbst.

Sie hätte fünf Kinder, sagte die Griechin. Und sie sei schon einige Jahre hier. Deutschland sei „gut zum Arbeiten". Ohne Übergang fragte sie plötzlich: „Wie ist Name für die kleine, rote, runde Dinger, sehrrr scharf?"

Ratlosigkeit. Alle, die auf den Bus warten, denken angestrengt nach. Eine Frankfurterin sagte als erste:" Meinen Sie vielleicht Radieschen?" „Ja – Radieschen", jubelt die Griechin, „so ist Name."

„Essen Sie gern Radieschen", forscht die Frankfurterin. „Oh ja, sehrr gern. Und meine Kinder auch!"

Die Deutsche zögert einen Augenblick, dann sagt sie: „Wissen Sie was? In ein paar Wochen ist unser Sommerfest bei den Kleingärtnern. Mit Würstchen vom Grill und Bier – und vielen frischen Radieschen. Ich lade Sie, mit Ihrer Familie, ein. Sie können sich satt essen an den kleinen roten Dingern!"

Das letzte, was man sehen konnte, war das strahlende Gesicht der Frau aus Griechenland. Eifrig wurden Adressen auf Einkaufszettel gekritzelt. Dann kam der Bus. Ein junger Mann, der die kleine Szene mit leuchtenden Augen beobachtet hatte, meinte „ich bin richtig stolz auf die oft geschmähten deutschen Kleingärtner."

Der Außenseiter

Der Schauplatz: gepflegte Reihenhaussiedlung in einem
Neubauviertel in Eschersheim. Die Gärten mustergültig
angelegt. Rosenstöcke und Ziersträucher, grüner Rasen wie aus
einem englischen Journal für Gartenarchitektur.
Plötzlich stutzt der Spaziergänger. Reibt sich die Augen. Glaubt
zu träumen. Zwischen festlich aufgeputzten Reihen ein ordinärer
Gemüsegarten. Mit Bohnen -und Tomatenstangen. Mit Salat,
Kohlköpfen und – pfui Teufel – einem riesigen Komposthaufen.
Wahrhaftig, der oder die Besitzerin wird es schwer haben mit
den Nachbarn von links und rechts, die sich schon eingeigelt
haben unter hohen Sichtschutzhecken, sich distanzieren vom
Gemüseanbauer. Soll man ihn bewundern oder bemitleiden?
Jedenfalls hat er Mut, Nonkonformist zu sein.
Ein Außenseiter in der uniformen Reihenhaus-
Siedlungsgesellschaft.

Was – wem – wie viel?

Das sind die Tage der Frauen. Der abgespannten und gehetzten
Frauen. Der nervösen und erschöpften.
Eine Riesenschlange Geschlechtsgenossinnen wälzt sich, schiebt
sich, drückt sich und schlängelt sich durch Einkaufszentren,
Straßen, Warenhäuser.
Man schaut in leere Gesichter, in typische „Was –soll –ich bloß
- schenken- Gesichter". In ungeduldige, müde
Verkäuferinnengesichter.

In diesen Vorweihnachtstagen kann man Frauen begegnen,
denen die nackte Angst aus den Augen spricht und denen offene
Panik auf der Stirn geschrieben steht. Frauen, die an nichts
anderes mehr denken können als „schenken – schenken –
schenken, was – wem – wie viel!"
Die Konsumentinnen in den Läden – ratlos!!

Selten werden Kinder mehr gerügt, getadelt und beschimpft als
in diesen Tagen. Angestaute Aggressionen werden plötzlich frei
– Pech für die Sprösslinge. Das Ergebnis: zeternde Kinder an
allen Straßenecken, deren Mütter sie wie störrische Esel hinter
sich herziehen. Kinder, die erst unter dem Weihnachtsbaum
wieder verhätschelt werden.

Weihnachten, Fest des Friedens oder der Weihnachtspsychose,
alle Jahre wieder!

Leithammel

Jeder Tag der gleiche, aufregende Nervenkitzel. Werden sie es schaffen?
Junge Frauen, mit kleinen Kindern an der Hand, kichernde Teenager, Körperbehinderte, Hausfrauen mit prallgefüllten Einkaufstaschen und sogar uralte Männer mit Stöcken versuchen, bei Rot die Straße zu überqueren.

Ältere Damen müssen im letzten Drittel wie Rehe vor den heranbrausenden Autos fliehen, viele sind buchstäblich schon um ihr Leben gerannt. Und doch zieht diese Straße die Fußgänger wie ein Magnet an: Nirgendwo sonst in der Stadt verhalten sie sich leichtsinniger als an der Stiftstraße/Ecke Zeil.

Es ist schon fast ein Phänomen, zu beobachten, wie die Leute, immer ungeduldiger werdend, aufs Grün warten. Einem Leithammel gleich, macht dann ein Voreiliger den Anfang und geht bei Rot los. Wie Schafe folgen ihm blind die anderen, keinen Augenblick an die Gefahren durch die sehr schnell heranfahrenden Autos denkend.
Was kann helfen? Vernunft? Aber die ist rar in Frankfurt, einer Stadt, die statt Scharfblick, Einsicht und Erkenntnis immer schon ambivalente Gefühle hervorgerufen hat.

Amseln und alte Bäume

Oasen der Ruhe, mitten im Trubel, der Hektik und dem täglichen Lärm zu finden, scheint ein mühevolles, ja schon fast unmögliches Unterfangen zu sein.

Und doch gibt es sie noch, die Rückzugsgebiete, die kleinen Lufthol-Paradiese, Idylle, wie das versteckte Rasengrün mitten im Mertonviertel, oder den verwunschenen, fast unbekannten Botanischen Garten im Westend.

Der Nieder Auenwald mit seinen Angelteichen, den seltenen Sumpfhühnern und den tausenden von Buschwindröschen im Frühling, die bizarren, fremdartigen Schwanheimer Dünen und die Moorlandschaften des Enkheimer Rieds, sie alle sind selten gewordene Kraft-Orte für Körper und Geist, wie auch der Höchster Stadtpark mit seinen alten Bäumen und den Schwänen auf dem Weiher, der Bolongarogarten mit den Putten aus Sandstein und den Wasserspielen – eine Miniaturausgabe des Schwetzinger Schlossparks – und die romantische Anlage rund um das Höchster Schloss, wo man sich schon früh am Morgen zwischen Blumenrabatten, Rhododendron -Büschen und Heckenrosen erholen kann.

Wer die Ruhe wirklich sucht, er findet sie. Findet sie in Oberrad hinter den Resten einer zu gewucherten Mühle, findet sie auch im alten, verwilderten Graupner'schen Park in Unterliederbach und im Gärtchen der kleinen Dorfkirche, wo die Amsel auf der Turmspitze ihr Lied singt und sogar an Sommerabenden die Nachtigallen schlagen und wo man mit ein bisschen Glück samstags morgens dem Organisten zuhören kann, wenn er Bach-Fugen spielt.

Man lauscht und meint fast die Stille greifen zu können, so unmittelbar ist sie, während ein paar Straßen weiter der Verkehr endlos braust und tost. Wagt man sich gar noch ein paar Schritte

weiter und lässt die viel befahrene Autobahn an der Gagfah -
Siedlung hinter sich, dann kommt man zu einem uralten
Friedhof, der mit seinen verwitterten Steinen und den
abgewaschenen Inschriften darauf wie ein Relikt aus
verflossenen Tagen anmutet. Auch hier wieder die alten Bäume
und jahrzehntelang gewachsene Hecken und Sträucher,
Skulpturen und Statuen, ein Hauch von Vergangenheit.

Leerlauf

Vor dem Metzgerladen steht das feuerrote neue Auto und stinkt zum Himmel. Der Besitzer ist weit und breit nicht zu sehen. Vielleicht verzehrt er drinnen in aller Ruhe Wurst und Weck? Das Fahrzeug aber bläst solange den Umstehenden und den Fußgängern blaue stinkende Wolken ins Gesicht.

Die Leute, die am nahen Kiosk einkaufen, schimpfen und sind empört. „Eine Unverschämtheit" sagt einer, „hat der Kerl noch nie etwas von Umweltschutz gehört?"

So zetern sie und hätten vermutlich noch eine Zeitlang weiter gezetert, wäre nicht plötzlich eine Frau gekommen, die mit einem Blick die Situation erfasste. Sie ging zu dem neuen, roten Auto, öffnete die Tür und drehte den Zündschlüssel herum.

„Ist doch ganz einfach", meinte sie und ging lächelnd weiter. Während ein paar Männer noch nicht so recht wussten, ob sie staunen oder lachen sollten.

Keine Vision

Sie tragen ihr Lächeln wie ihre Handtasche.
Für das Auto ist sofort ein freier Platz gefunden. Es gibt auch
Parkuhren; zwei volle Stunden kosten einen Groschen. Die Stadt
vereint Altes und Neues in Harmonie. Es riecht nach Blumen.
Die Häuser sind geschmückt. In den breiten Straßen, für Autos
gesperrt, vorbei an eleganten Geschäften, bummeln abends die
Menschen.

Man kann auch noch einkaufen, wenn man will, denn die Läden
sind offen. Überall Pflanzen in Kästen, Schalen und kleinen
Ampeln. Auf den freien Plätzen stehen Vogel Volieren, und der
Gesang der Kanarien vermischt sich mit den Liedern und den
Gitarreklängen der Musikanten. Junge Leute am Straßenrand
verkaufen handgewebte Tücher, Ledergürtel und Silberschmuck.

Die Stadt atmet Ruhe und Frieden. Sie ist großzügig, sauber und
schön. Es herrscht kein Lärm, keine Hektik, kein Hetze, kein
Stress. Frohe Menschen. Ein Traum, eine Vision von einer
menschlichen Stadt?
Die Stadt heißt Rotterdam.

Kinderfreundlich

Hauptwache.
Die beiden älteren Frauen steigen in die S-Bahnlinie 1, die aus Offenbach kommend Richtung Wiesbaden rauscht.
Sie sind ein wenig unbeholfen. Man sah sie vorher umständlich mit vollen Einkaufstüten hantieren und mit Taschen und Paketen balancieren, ehe sie am Fahrkartenautomat ihre Brillen hervornestelten, um die Fahrpreise zu studieren.
In der Bahn finden sie einen Sitzplatz. Die Damen werden jetzt munterer, unterhalten sich. Sind glücklich, das Abenteuer „Einkaufen in der Stadt" mit allen Widrigkeiten der S-und U-Bahn-Fahrten, des Umsteigens, des Wartens und des Sich zu recht Findens überstanden zu haben.

Eine helle Stimme reißt sie aus ihrem Schwätzchen.
„Fahrscheinkontrolle!"
Beide kramen in ihren Taschen, holen ihre Karten. Die Beamtin sieht sie sich lange an. „Ist was nicht in Ordnung?" fragt eine unsicher.
„Das kann man wohl sagen" lautet die Antwort. „Sie sind auf Kinder Fahrscheinen gefahren!"
„Oh Gott", jammern die beiden, „wie ist das nur passiert? Wir haben sie uns doch vom Automaten geholt?"
Und eine der beiden gibt zu bedenken: "Wir sehen halt nimmer so gut." Unglückliche, betretene Gesichter.

Da lächelt die Kontrolleurin:" Kindern kann ich eigentlich nicht böse sein. Kommen Sie gut nach Hause."

Ein paar Mitreisende rufen spontan „Bravo". Eine junge Frau klatscht Beifall. So gut wissen die Frankfurter, Fingerspitzengefühl zu honorieren.

In Gips gibt's Goethe bei Traudi nicht

In Traudi Steinbergers winzigem Laden spiegelt sich im Schaufenster das berühmte Haus. Traudi wohnt im Großen Hirschgraben, und das berühmte Haus ist die Nummer 23.

Täglich sieht Traudi die Busse ankommen und wie die Besucher im 20. Jahrhundert aussteigen und ins 18. Jahrhundert reingehen. Bei Traudi im kleinen Lädchen posiert der einstige Bewohner von Haus Nummer 23 mit vielen seinesgleichen – im Lockenkranz, mit nachdenklichen Falten auf der hohen Denkerstirn und mit einem geheimnisvollen Lächeln um die Mundwinkel. Im Kopf hat er ein Loch, und aus dem Loch wächst ihm ein weißer Docht, denn der Dichterfürst ist aus Wachs. Und es gibt ihn in vier verschiedenen Farben, als Kerze, oder bloß so zum Angucken und zum „Auf die Kommode stellen".

Die Ladenglocke bimmelt dreimal, und sie scheppert ein bisschen, als sie den Buben rein lässt, und der will einen roten Goethe für die Oma zum Geburtstag.

„In Rot geht er am besten", sagt Traudi, und Traudi muss es ja schließlich wissen, denn sie ist die Herrin über die Herren Goethes in Wachs, und als sie das sagt, da werden die grünen Goethes bienenwachsgelb vor Neid und schielen hinüber zu den blauen, und die blinzeln zu den roten, wo Traudi gerade einen aus dem Regal nimmt.
Sie zündet den weißen Faden auf seinem Haupt an. Und da beginnt es in den Geheimratsecken von innen heraus zu strahlen und zu schimmern, als ob er nicht schon zu Lebzeiten das Licht der Erleuchtung hinter der Stirn und die zündende Flamme des Geistes in sich getragen hätte.

Traudi, die Frau Steinberger heißt, ist zufrieden mit dem Souvenirgeschäft in der berühmten Straße, gegenüber von dem berühmten Haus.

Mit einem Goethe in Gips hat sie nicht im Sinn, denn ihr Laden hat Niveau.

Aber weil sie mit der Mode gehen muss, liegen nahe dem fein gestichelten alten Herrn Geheimrat in Antik, der vorwurfsvoll grämlich aus dem Mahagonirahmen schaut, auch die weißen T-Shirts mit dem Poeten drauf, als der selbst noch ein Twen war.

Schwarzes Zottelhaar hat er, und weil Englisch modern ist, steht „I like Goethe" auf dem Hemd – was soviel heißen soll wie „ich mag ihn", und zu haben ist er in drei Größen.

Der Mann, der den Faust geschrieben hat, findet auch als Jüngling auf Baumwolle reißenden Absatz.

Weil Traudi statt Kitsch lieber Krimskrams verkauft, hat sie einmal die Bierkrüge mit dem Dichter in Italien auf dem Zinndeckel in die hinterste Ecke verbannt.

Da standen sie eine Zeitlang und schämten sich unter den ihresgleichen aus Wachs oder Stoff. Aber sie standen nicht lange. Fremde kamen, sahen sie mit scharfem Blick, zerrten sie zurück ans Tageslicht.

Nun stehen sie wieder neben dem vornehmen Herrn Geheimrat in den vier Farben und freuen sich mit Traudi, wenn die Ladenglocke scheppert.

Abschied

Die kleinen Geschäfte um die Ecke sind nicht mehr konkurrenzfähig, werden langsam verschluckt von Großmärkten und Einkaufszentren.
Vor einigen Tagen hauchte der gemütliche Bäckerladen im Nordend seinen Duft von frischem Brot und Brötchen aus. Die Bäckers Leute haben bis zuletzt um ihre Existenz gekämpft.
Aber am Ende mussten sie resignieren.
Der alte Meister ist krank und der Nachwuchs fehlt. Seit fast zwei Jahren habe man nach einer Mitarbeiterin gesucht, erzählt die Frau Bäckermeisterin.
In Zukunft fehlt dort etwas. Der vertraute Geruch warmen Brotes, noch im Steinofen gebacken und weit und breit begehrt. Die knusprig frischen Backwaren, schon in aller Herrgottsfrühe an die Haustür gebracht. Der hausgemachte Streusel -und Zwetschgenkuchen. Und die anderen Frankfurter Spezialitäten.

Die ehemalige Backstube ist schon leer und ausgeräumt. Den altmodischen Backtrog haben sich moderne junge Leute zur dekorativen Bereicherung ihres Gartens gesichert. In die frei gewordenen Räume zieht eine Filiale der Telekom.

Herbst

Hinter dem schütteren Laub die goldenen Blätter suchen.
Regen, wie ferne Tränen an die Scheiben rinnen lassen
Den Kranichen oben in den Wolken das Herz öffnen und die
Seele mitziehen lassen
Den Abglanz einer anderen Erde ins Wohnzimmer holen
Und auf den Frühling warten.

Elstern

Sie hocken in Schrebergärten wehrlos im flutenden Licht
Bauen die Nester kirchturmhoch in Tannen über grauen
Kaminen
Schlagendes Herz im Gefieder
Sei wachsam Krächzvogel, lass dich nicht vom Falken schlagen
Und von Menschen in grauen Kitteln
Siehst du die schwarz-weiße Feder am kahlen Geäst des alten
Birnbaums
Pflücke sie ab, Bruder, und steck' sie dir an den Hut
Der alte Birnbaum will keine Blüten mehr tragen und keine
schwarz-weißen Federn.

Ich wohne überall und nirgendwo

Er saß im Regen auf der Bank im Grüneburgpark. Neulich
schlief er – der Kopf war ihm tief auf die Brust gesunken –
gestern aber lächelt er stillvergnügt vor sich hin.
Sein Gesicht ist fleckig und grau, wie der schäbige, abgewetzte
Anzug, den er trägt.
Wo er wohl zu Hause ist? Ob er keine Unterkunft hat? Und ob
er nicht friere.
„Ich wohne überall und nirgendwo" gibt er zur Antwort. „Ich
bin glücklich dabei. Nur was die Kälte betrifft, das ist richtig,
das ist schon manchmal sehr ungemütlich. Aber wenn es zu
schlimm wird, dann ziehe ich ins „Hotel" nach Griesheim oder
nach Rödelheim (gemeint sind die Männerwohnheime und
Notunterkünfte der Stadt Frankfurt).
„Ansonsten aber verkrieche ich mich irgendwo", sagt er, „es
gibt genügend Schlupfwinkel in einer Stadt."
Im Frühjahr ist er auf Wanderschaft. Er liebt die Freiheit, und
nichts kann ihn dann noch halten. Vor Jahren hatte er einmal
eine Katze und da Katzen nicht gern reisen, blieb auch er an
seinem Stammplatz in Frankfurt.

Er heißt Karl („ es tut nichts zur Sache wie ich wirklich heiße,
ich werde überall nur „Karl" gerufen") und er ist viel in der
Welt herumgekommen.
Als er noch zur See fuhr, hat er in Istanbul gekellnert, und sich
in Südafrika mit vielfältigen Jobs durchgeschlagen.
Er war Hafenarbeiter in Piräus und Krankenpfleger in Neapel
und ein Jahr lang lebte er als „Clochard" unter den Brücken von
Paris.
„Dort findet man die besten Kumpels" erinnert er sich. „Wir
waren wie eine einzige Familie!"

Beim Stichwort „Familie" wird er nachdenklich. In jungen Jahren war er verheiratet, seine Frau war Köchin, hat auch für ihn immer gut gekocht, aber die Ehe hat nicht lange gehalten. „Ja, wenn ich vielleicht Kinder gehabt hätte"….

Der Mann, der sich „Karl" nennt, ist ein Außenseiter unserer Gesellschaft. „Pennbruder" sagen die Leute zu ihm, oder „Asozialer" und die Reaktionen der Bürger reichen von Unverständnis, Ignoranz und Ablehnung über offenen Abscheu, bis hin zu diffamierenden, beleidigenden Äußerungen. Das ist eigentlich auch das einzige, was ihn, bei dem Leben, das er führt, bedrückt. „Es gibt keine Liebe mehr unter den Menschen, keine Toleranz", klagt er. „Ich tue niemandem was und doch werde ich oft behandelt wie ein Aussätziger."

Jetzt, in den Wintermonaten, haben es Leute wie er schwer. Zu wenig öffentliche Wärmestuben, zu wenig Obdachlosenunterkünfte. „Es wird soviel davon geredet und geschrieben, dass unsereins gern den Winter im warmen Knast verbringt", sagt Karl, „aber ich habe noch keinen meiner Kollegen getroffen, der freiwillig dorthin gegangen wäre."

So bleiben ihm und seinen Kumpels nur die Bänke in den Anlagen oder die kurze Wärme und Geborgenheit in einem der großen Kaufhäuser. Abends und nachts halten sich die Abgebrühtesten von ihnen in geheizten städtischen Toiletten auf – „berüchtigt" war jene an der Straßenbahnendhaltestelle in der Höchster Zuckschwerdtstraße. Beliebt ist auch der Wartesaal des Höchster Bahnhofs. Die Wirtin am Bierausschank spricht von ihren „Stammkunden", die sich jeden Abend hier einfinden.

„Den Raum da hinten nennen wir unsere „Pennerecke", sagt sie.
„Da gibt es Typen, die kommen schon Jahre hierher". „Viele
von ihnen verhalten sich ruhig und unauffällig, andere
randalieren und betrinken sich für den letzten Euro, den sie in
der Tasche haben, ab und zu ist auch eine Frau dabei."

Ob sie manchen ihrer „Gäste" persönlich kennt?
„Nein, sagt die Frau, „fremde Schicksale interessieren mich
nicht!"

Der Hund

Der Hund, ein blond gelockter, großer Afghane stand fest wie ein Fels in der Brandung inmitten eines voll besetzten Straßenbahnzuges der Linie 12.
Leider aber stand er quer im Weg. Sein Frauchen versuchte, ihn in eine Ecke zu zerren. Sie zog und schob, sie bat ihn, sie flüsterte ihm Koseworte ins Ohr, dann schimpfte sie echt bayrisch: "Mistvieh, deppertes" – alles vergebens. Der Hund wich keinen Millimeter von seinem Stand-Punkt ab.
Die Fahrgäste zwängten und quetschten sich an ihm vorbei. Ein beherzter junger Mann stieg sogar über das haarige Hindernis.

Doch – oh Wunder – keiner verlor ein böses Wort. Keiner meckerte. Die meisten lächelten nur.
Als die Dame aus Bayern an der Haltestelle Rebstock ausstieg und der Hund folgsam mittrottete, drehte sie sich noch einmal um und sagte „Pfueti mit'nand – und vergelt's Gott! Die Preußen san doch wirklich tiernarrische Leut'!"

Zeitgenossen

Manchmal geht es hoch her an der Frankfurter „Meckerecke" an der Katharinenkirche. Einzelne Gruppen von Passanten reden sich die Köpfe heiß. Meinungen prallen hart aufeinander, es wird diskutiert, lautstark debattiert, und man fühlt sich fast an die ehrwürdige Tradition eines Londoner Hyde-Parks erinnert.

Die Themen, die neulich erstaunlich fair und (fast) ohne Polemik behandelt wurden, reichten von den hohen Preisen seit der Einführung des Euro, über die schwindenden Rechte der Arbeitnehmer bis hin zu den Forderungen, „deutsche Soldaten raus aus Afghanistan!"

Dazwischen lauschte man auf den leidenschaftlichen Appell eines rotgesichtigen Bayern, der seine Mitmenschen in eindringlichen Worten auf Umweltprobleme hinwies.

Etwas allerdings fiel auf: Die Redner kamen alle von auswärts. Man hörte schwäbische und bayerische Wortfetzen, rheinische und sächsische Laute. Die Berliner Schnauze war vertreten, und zwei Hamburger stolperten nicht nur über spitze Steine. Drumherum eine Mauer von schweigenden, staunenden und stummen Zeitgenossen.
Echt frankforterisch aber babbelte kein Mensch. Hat es den Leuten am Main die Sprache verschlagen?

....und Kastanien haben weiße Kerzen aufgesetzt

Morgens der Regen. Wenig später ein blass-blauer Himmel über
Frankfurt.
Der alte Mann mit dem struppigen schwarzen Hund schlurft
vorbei, um seine Zeitung zu kaufen.
Der Mann tut das jeden Tag um die gleiche Zeit; er ist
gehbehindert und er braucht von der einen Ecke bis zu der
anderen wohl eine Viertelstunde.
Der Hund hat sich dem Rhythmus seiner Schritte angepasst.

Über Nacht haben die Kastanien im Krankenhausgarten der Uni
kleine weiße Kerzen aufgesteckt und die jungen Lindenbäume
tragen grüne Blätter. Im Vorgarten des Dr. Z. blühen die
Magnolienbäume. Die Leute bleiben vor der rosa schäumenden
Pracht stehen.

Wieder reißen sie die Straßen auf. Das stählerne Maul des
Baggers ergreift die Erde in großen Mengen und spuckt sie in
die Lastwagen. Ganze Bündel von Leitungsrohren werden
eingepflanzt. Über die Gruben sind Bohlen und Bretter gelegt.
Und die Fußgänger balancieren wie die Artisten im Tigerpalast.

In der Bergerstraße in Bornheim spielen ein paar Buben Fußball.
Auf Bänken sitzen fußmüde Hausfrauen und alte Rentner,
schauen ihnen zu, oder füttern Großstadt-Spatzen und Amseln.

Jetzt sind die Tage der Stadtparkenten. Schülerinnen und Mütter
mit Kinderwagen stehen vor dem Teich und kramen Brotreste
aus Tüten hervor. Auch die Karpfen profitieren davon.
Auf dem Kinderspielplatz weint ein kleines, blondes Mädchen.
Es hat Rollschuhe an und eine blutige Schramme auf seinem
Knie.

Neben der Brücke sitzt ein junger, amerikanischer Soldat im
Gras und spielt auf seiner Gitarre.
Die Kleingärtner, ein paar Schritte weiter, hantieren in ihren
Mini-Gärten: grüne Rasenflecken mit bunten Blumentupfen
zwischen Radieschen -und Salatbeeten.

Vor einem Kiosk sind sich zwei in die Haare geraten. Der Junge
gibt als erster nach:" Na, lass mal gut sein!"

In der Höchster Altstadt rosa und hellblaue Häuser, die in der
Sonne leuchten. Im Kirchgärtchen von St. Justinus haben sie
neben den Tulpenbeeten Kräuter angepflanzt und Gemüse.
Bohnenstangen zwischen Beerensträuchern. Von der Mauer
blickt man auf einen gelb-braunen schmutzigen Main. Auf der
Schwanheimer Seite, am anderen Ufer, glitzert eine Flotte von
schneeweißen Yachten, wie in Nizza oder St. Tropez.
Die mächtigen Stämme tropischer Bäume, die einst unten am
Hafen lagerten und immer ein bisschen Fernweh hervorriefen,
sie sind verschwunden.

Auf dem Heimweg der schrille Schrei des Martinshornes.
Notarztwagen, Menschenauflauf an der Straßenecke. Ein Kind
soll verletzt sein.
„Es hat nicht nach rechts und nicht nach links geschaut, es ist
direkt ins Auto gelaufen", sagt eine ältere Frau.

Plötzlich fröstelt man!

Städte

Diese hellen Städte am Wasser
An den dunklen Fluten der Flüsse
Mit Seevogelgeschrei und Schwalbenhimmel
Und rußigen Nebelschwaden auf den Lippen
Nichts geschieht, nur Schiffe legen an
Und ein Kind am Ufer, das die Wellen zählt.

Wünsche

Durch Sydney möchte ich laufen und durch Manhattan
In Korsika im Fluss der weißen Steine baden
Am Gargano den heiligen Michael treffen
Und auf Capri eine zerzauste Katze streicheln
Ich möchte in Wien mitten auf der Straße einen Walzer tanzen
Und mich in Rom in flimmernden Gärten ergehen
Auf einem Bauernhof im Waldviertel die zahmen Forellen
Belauschen
In Avignon eine goldene Sonnenbrille tragen
Und in Frankfurt die dunklen Schatten der Wände berühren.

Hilfe?

Sie ging schwankend über die belebte Zeil. Tastete sich an den Hauswänden entlang und brach schließlich vor einem Hauseingang zusammen.
Passanten, darunter einkaufende Frauen, Geschäftsleute, junge Paare, eilten herbei. Stützten die Frau. Halfen ihr hoch. Öffneten ihren Mantel, boten an, einen Arzt zu holen, und beratschlagten, was zu tun sei.

Herzanfall? Kreislaufkollaps? Man fächelte der Bedauernswerten, die ihre Augen geschlossen hielt, frische Luft zu. Die allgemeine Hilfsbereitschlag schlug hohe Wellen, ... bis unvermittelt die Frau zu lallen und zu stammeln anfing. Bis man die Fahne roch, die ihrem Mund entströmte und einem der Umstehenden den Satz entlockte:" Die ist ja nur stink besoffen!"

Da waren die Helfer auf einmal empört, entfernten sich rasch, nicht ohne mit dem Kopf zu schütteln und zu schimpfen.
Zurück blieb ein Bündel Elend. Mit dem Rücken an die Hauswand gelehnt.

Und Hamlet hat sie zu der Katze gesagt

Sie saß mitten auf dem Platz in der Schillerstraße. Neben der Börse, wo Bulle und Bär in Bronze die Macht des Geldes symbolisieren.

Sie war blond und braungebrannt, trug abgewetzte, aus gebleichte Jeans und einen Pulli mit einem großen „B" vorne drauf, hatte die Beine über einander geschlagen und rauchte seelenruhig eine Pfeife.

Neben ihr stand ein Ungetüm von Rucksack, mit Kochgeschirr und Schlafsack draufgeschnallt, und aus der Tasche auf ihrem Schoß blinzelte neugierig eine kleine grau-weiß gescheckte Katze.

Viele Blicke streiften sie, als sie so da saß und schmauchte. Ein älterer Mann ging schließlich auf sie zu und fragte, ob sie wohl Hilfe brauche, wo sie herkäme und wo sie noch hinwolle.

Sie erzählte, dass sie Dänin sei, Studentin der Kunstgeschichte und nach der Türkei unterwegs. Es sei ihr erster großer Trip so allein, und nun hätte sich ausgerechnet der vierbeinige Reisebegleiter tüchtig den Magen verdorben. „Sie hat den Durchfall, die Katze Hamlet", sagte sie in einem drolligen Deutsch. In Wiesbaden wollte sie eine Freundin besuchen und das Tier zur Pflege dort lassen, aber die Freundin war verreist. Nun sei sie auf der Suche nach einem Tierarzt; irgendjemand hätte ihr die Adresse an der Hauptwache genannt, aber die Praxis dort war geschlossen.

Der hilfsbereite Passant, der sie angesprochen hatte, hörte sich alles genau an, besah sich die Katze und gab ihr den Rat, sich ein entsprechendes Mittel in der Apotheke zu besorgen.
„In zwei, drei Tagen geht es ihr wieder besser", beruhigte er sie, „ich habe selber zu Hause einen Kater und habe das schon ausprobiert. Sie müssen sie nur ruhig einmal hungern lassen."

Die blonde, reiselustige Dame mit dem „B" auf dem Pulli sagte freundlich: "isch danke schön", rauchte ihre Pfeife zu Ende, schüttelte ihre Haare nach hinten, warf sich mit einem kräftigen Ruck den Tornister über die Schultern, schnappte die Tasche mit dem magenkranken Hamlet und entschwand Richtung Rolltreppe.

Zurück blieben einige verdutzte Mitmenschen, ein paar junge Burschen und zahlreiche Kinder. „Was es nicht alles gibt", meinte eine Frau.

„Und Hamlet hat sie zu der Katze gesagt" verwunderte sich noch immer ein kleines Mädchen.

Mai

Ich stelle meinen Stuhl in den Grasgarten
Und ruhe mich aus mit bleierner Wohligkeit
Frei gewehte Gedanken
Taubenvögel und vergossenes Mittagslicht
Unterm Wildapfelbaum
Verschüttete Träume, ein nervös gewordener Tag
Sehnsucht nach einem Ort,
Dreißig Vogelflugminuten entfernt

Markt-Beobachtung

Die alte Dame ist zart und schmächtig. Sie geht gebückt und sieht aus, als ob sie direkt aus der Vergangenheit käme, mit ihrem adretten Spitzenjabot und dem rührend altmodischen Hut. Mitunter zieht sie ein Einkaufswägelchen hinter sich her. Trotz ihres hohen Alters führt sie an der Hand einen kleinen Jungen, und manchmal hat sie einen Kinderwagen mit Baby dabei.
An Höchster Markttagen schleppt sie sich mit Tüten und Taschen ab. Wer sie beobachtet, sieht, wie sie sorgfältig Gemüse, Obst oder Salat auswählt.
Wer sie wohl ist? Ihre ruhigen, bedächtigen Bewegungen fallen auf in einer hektischen Zeit.

Gestern Morgen kam sie wieder vorbei, mit Kinderwagen, Einkaufsnetz und dem Buben an der Hand. Um sie herum der ohrenbetäubende Lärm einer Stadt, die gerade wach geworden ist.
Die Autos stauten sich wie gewohnt, Fußgänger flüchteten. Es wurde gehupt, gepfiffen und geschimpft.
Nur sie, die alte Dame, schien unbeeindruckt. Gelassen trippelte sie durch das Chaos. Und als ein höflicher Autofahrer ihr den Vortritt ließ, bedankte sie sich artig und lächelte stillvergnügt vor sich hin.

Die Maus

Sie lag mitten auf der Fahrbahn. Sie war so winzig, dass die Katze, die sie im Maul getragen und aus einer Haustür am Schweizer Platz geschossen war, sie sofort wieder ausgespuckt hatte.

Da lag nun das Mäuschen, regungslos und starr vor Schreck, und zwei Autos brausten über sie hinweg, ohne dass ihre Räder sie berührt hatten.

Ein Junge sah die missliche Lage des kleinen pelzigen Nagetieres, sprang auf die Straße, hob die Maus auf und rannte mit ihr ins nahe Elternhaus.

Eine Woche lang wurde „Mariechen", die bei dem Abenteuer am Fuß verletzt worden war, in einem großen Pappkarton mit Hartkäse, Getreidekörnern und verdünnter Milch aus der Puppenbabyflasche wieder aufgepäppelt.

Dann erhielt sie die Freiheit zurück. Der Junge brachte sie ins Nizza unten am Main und setzte sie behutsam in eine Ecke hinter einen grünen Vorhang aus Grashalmen.

„Mach's gut, Mariechen", sagte er „und pass immer schön auf, dass die Katze dich nicht erwischt."

„Alte Kameraden" für freies Essen

Man traf ihn immer mal wieder in Frankfurt. An allen
möglichen Ecken, Straßen oder Plätzen.
Er hatte Mühe, gegen den Lärm anzuspielen. Die nostalgischen
Klänge wurden von den Autos einfach verschlungen.

Trotzdem blieben die Menschen einen Augenblick stehen,
hörten zu und drückten ihm ein Geldstück in die Hand. Einige
Fenster in den Häusern öffneten sich und heraus flogen kleine
Päckchen.

An einem bestimmten Wasserbüdchen machte er stets Station –
aber nicht um sich mit Schnaps und Bier voll zupumpen,
sondern weil er da etwas geschützt stand und weil er die Frau
vom Kiosk schon viele Jahre kannte.

Der alte Leierkastenmann in dem abgewetzten grauen Mantel
hieß Mathias Heinrich und wohnte im Frankfurter Gallusviertel.
Er wollte, dass sein Name und seine Adresse bekannt ist, „ich
nehme gern Bestellungen entgegen für Geburtstagsfeiern oder
Betriebsfest", sagte er.

Für freies Essen und Trinken und für einen Geldbetrag kurbelte
er dann nach Wunsch die „Alten Kameraden" oder „den Soldat
am Wolgastrand."
Er spielte dabei den Leuten mitten ins Gemüt, und
Kindheitserinnerungen wurden dabei wach und Berliner Zuhörer
dachten an die Hinterhof-Idylle in ihrer Heimatstadt, wo auch
nach Zilles Zeiten noch die Straßensänger und
Leierkästenmänner umherzogen.

Eines seiner Lieblingsstücke, das Mathias Heinrich oft erklingen

ließ, war das Lied vom „armen Wandergesellen". Ein bisschen
fühlte er sich selbst auch als ein Wandergeselle, der auf
Almosen seiner Mitmenschen angewiesen war, weil er sonst
nicht leben konnte.

Ab und zu ging er zum Sozialamt, um herauszufinden, ob ihm
mit seiner Kleinstrente nicht irgendein Zuschuss zustehen
würde.
„Früher war's besser", meinte er. „Früher", das war, als die Frau
noch gelebt hat. Er nestelte ihr Bild aus der Rocktasche. Ein
gütiges, freundliches Gesicht.
Seit vier Jahren zog er nun schon allein durch die Lande.
Sein Leierkasten, den er vor sich her schob, war sein ganzes
Kapital. Behutsam ging er mit ihm um. Wenn eine Melodie
verklungen war, stülpte er zum Schutz die lederne Haube über.

Nach Bornheim kam er gern und nach Sachsenhausen. Die
Straßen und Plätze waren ihm vertraut.
„Schwätz' nicht so lange und spiel' weiter, Alter", rief ihm ein
Mann von gegenüber zu, als er von seinem Leben erzählte.
Da nahm der Mathias Heinrich die Kurbel in die Hand und fing
wieder an zu drehen und zu drehen, und ein kleines Mädchen
blieb stehen und fragte, ob er wohl auch ein Äffchen zu Hause
hätte, denn normalerweise würde doch ein Affe auf einem
Leierkasten sitzen.

Der Mitmensch

An der Konstabler steht er mit einem Male neben einem, sagt „Hallo" und „Können Sie mir mit ein paar Groschen aus der Klemme helfen?"

Man ist verdutzt, zögert einen Moment, schaut sich den bärtigen, schmächtigen jungen Mann an und zückt schließlich die Geldbörse.

„Vielen Dank" sagt der und ruft noch, ehe er in der Menge verschwindet: „Sie sind wirklich ein guter Mitmensch!"

Man geht als „guter Mitmensch" nachdenklich weiter, erledigt seine Einkäufe Zeil aufwärts und Zeil abwärts und hört an der Ecke Steinweg plötzlich wieder die bekannte Stimme: „Hallo, können Sie mir vielleicht…"

Man dreht sich um und sieht gerade noch, wie eine Frau dem Bärtigen von vorhin etwas in die Hand drückt. „Danke schön" murmelt dieser und „Sie sind wirklich ein guter Mitmensch!"

Einen Augenblick lang schwankt man, ob man sich über die „Masche" ärgern oder amüsieren soll. Dann aber entschließt man sich zu lächeln.

Du

Ich ging aus der Dämmerung
Dich zu suchen
Aber die grüne Brücke blieb leer
Köpfe von Tieren sah ich
Und Menschen die vorüber gingen
Blumen mit bunten Gesichtern schwebten vorbei
Auf Stängeln, die wie Flöten waren
Bäume sah ich und Wolken sah ich
Und den Regenbogen über Häuserschluchten
Doch du warst nicht da
Heim kehre ich, die Hände voller Hoffnung
Lausche ich auf deine Schritte
Doch du bist nicht gekommen
Nur die Nacht und die kalten Steine haben mir zugesehen.

Noch einmal „Shalom"

Er steht an der Katharinenkirche und er zieht die Menschen magisch an.

Er kommt aus Israel und er trägt dunkle Locken unter seinem bunten Käppi. Seine Finger sind technische Wunderwerke, wenn sie auf dem Xylophon eine Bach-Fuge spielen.

Bach ist sein Lieblingskomponist, ihn schenkt er in jedem Sommer dem lauschenden Publikum. Wenn er ein Musikstück ankündigt und erklärt, wird seine Stimme leise und melodisch - wie sein Instrument.

Neulich spielte er ein Stück von Beethoven, das dieser für Kinder geschrieben hatte. In „Dur", „denn „Moll" ist für Kinder zu traurig", sagt er.

War es Einbildung oder Wirklichkeit, dass das Baby in dem Tragesack, den sich ein junger Vater um die Hüfte geschnallt, hatte, vor Vergnügen strampelte, als es die Melodie hörte?

Meist bleibt er bis Ende Oktober in Frankfurt. Dann wird's ihm draußen zu ungemütlich, denn mit kalten Fingern kann er nicht mehr spielen.

Ehe er sich in den Süden aufmacht, ruft er seinen Zuhörern ein „Adieu" zu „und vergesst mich nicht!" Shalom" und „Auf Wiedersehen" im nächsten Sommer!"

Die Hüte der Frauen

Sie sind aus dem Straßenbild verschwunden. Der Zeitgeist hat
sie verschluckt, weg, vorbei, dahin, ausgestorben, wie der
Urvogel oder ein Monsterfrosch in Neu Guinea.

Selbst in der feinen Goethestraße führt keine mehr ihren Hut
spazieren. Kappen, Mützen, Hauben, Baretts, Kopftücher und
Kapuzen und Schals, zum Turban gebunden, das alles ziert und
wärmt heute Frauenköpfe.
Aber wo sind sie nur geblieben? Die kleinen und großen Hüte
mit den schmalen oder den breiten Krempen, dekoriert mit
zarten Federn, rosafarbenen Seidenblumen und Schleifchen, mit
Bändern, Kordeln oder Perlen, aus Stoff, Samt, Filz und Stroh?

Die Therese Steinacker aus Höchst, schon lange nicht mehr
unter den Lebenden, war eine Hutmacherin erster Güte.
Ihr Laden eine geheimnisvolle Fundgrube voller Schätze und
nicht nur die Sonntagskirchgängerinnen pilgerten regelmäßig
in die Emmerich-Josef-Straße, um sich ihr ganz persönliches
Modell anfertigen zu lassen. Ein Vorbild für extravagante
Hutschöpfungen war in diesen frühen Jahren oft die englische
Queen und die eine oder andere Höchsterin trug stolz eine
Kreation, die haargenau der königlichen Kopfbedeckung nach
empfunden war.

Zuweilen aber äußerten unbedarfte Kundinnen, die in
Hochglanzblättern die Fotos vom berühmten Pferderennen in
Ascot angestaunt hatten, mit den verrückten Hutgebilden der
meist blaublütigen Besucherinnen, spezielle Wünsche, die die
gute Therese nach besten Kräften zu erfüllen versuchte.
So flanierte einmal eine ganz Verwegene auf der „Kö" mit
einem seltsamen Ding herum, auf dem ein wilder Tiger gerade

zum Sprung ansetzte, und eine andere übertrieb es wirklich ,
denn sie stolzierte gleich mit dem gesamten Frankfurter Stadtteil
en miniature auf ihrem Kopf durch die Straßen und die kleinen
spitzgiebeligen Häuschen, die ehrwürdige Justinuskirche und die
Schornsteine der Farbwerke Hoechst schaukelten bei jedem
Schritt heftig mit.

Die Taube

Die Taube schien gehbehindert. Sie humpelte auf einem Bein, das zweite zog sie etwas nach und entsprechend langsam trippelte sie auf dem Bürgersteig vor den Füßen eiliger Passanten umher.

Einem forschen Geschäftsmann in einem hellen Mantel, mit einem Aktenköfferchen, war die Taube ein Hindernis in seinem schnellen Schritt.

Er hob ein Bein wie ein Fußballer und gab mit seinem Schuh dem Tier einen Tritt, dass es wie ein Ball in die Luft flog und danach fest aufklatschend wieder auf dem Boden landete, wo es zitternd liegen blieb.

Ein junger, kräftiger Kerl hatte die Szene beobachtet. Er gab dem Mann rechts und links eine Ohrfeige und schrie wütend: „das machst du nicht noch einmal!" Dabei kam es zu einem Gerangel, der Mann strauchelte und sein Aktenköfferchen fiel zu Boden, öffnet sich und der Inhalt ergoss sich über die Straße.

Mit hochrotem Kopf sammelte der Mann seine Papiere wieder ein und mit einem Seitenblick auf seinen starken Gegner, machte er sich schleunigst aus dem Staub.

Der Taubenretter aber wickelte das verstörte graue Lebewesen vorsichtig in seinen Schal und erklärte den Umstehenden, dass er einen Kumpel hat, der sich mit Brieftauben auskennt. „Und dem bringe ich sie, er wird sie bestimmt wieder hinkriegen!"

Das Traumbild des Hans Christian A.

Christel, die Freundin, die jetzt in Berlin lebt, hatte die
Geschichte in einem kleinen, staubigen Antiquariat im Osten der
Stadt entdeckt und gekauft.
Die Geschichte geht so:
Der dänische Märchendichter Hans Christian Andersen kam auf
seinen ausgedehnten Reisen auch nach Frankfurt am Main.
Die Stadt beeindruckte ihn sehr und als er wieder zurück in
Kopenhagen war, lässt er in seinem veröffentlichten
„Bilderbuch ohne Bilder" den Mond das Haus der jüdischen
Familie Rothschild bescheinen.

„Es war in Frankfurt. Dort sah ich, „so sprach der Mond", „ein
seltsames Bild. Mein Blick fiel auf ein altes Haus. Es war nicht
das Haus, in dem Goethe geboren ward, auch nicht das alte
Rathaus mit seinen vergitterten Fenstern, hinter denen noch
immer die gehörnten Schädel der Ochsen bleichen, die bei der
Kaiserkrönung am Spieß gebraten wurden.
Nein, - es war ein ganz gewöhnliches, grün angestrichenes
Bürgerhaus, und es lag in der Nähe der engen Judengasse.
Es war Rothschilds Haus.
Ich sah durch die geöffnete Tür. Die Treppe war hell erleuchtet.
Bediente, die brennende Kerzen in schweren Silberleuchtern
trugen, standen auf den Stufen und verneigten sich tief vor einer
alten Frau, die in einem Sessel die Treppe herunter getragen
wurde. Der Herr des Hauses stand mit entblößtem Kopf und
küsste der alten Frau ehrfurchtsvoll die Hand. Es war seine
Mutter. Sie nickte ihm und den Bedienten freundlich zu, und die
Diener geleiteten sie in die schmale düstere Gasse, an ein
bescheidenes kleines Haus. Hier wohnte sie. Hier hatte sie ihre
Kinder geboren, und von hier aus war ihr Glück erblüht. Wenn
sie die verachtete Gasse und ihr kleines Haus verschmähte, so

würde auch das Glück sich von ihr wenden: das war ihr fester Glaube."

Der Mond erzählte nicht weiter. Er hatte mir heute Abend nur einen kurzen Besuch gemacht. Aber ich musste lange an die alte Frau in der schmalen, dunklen Gasse denken. Nur ein Wort – und ihr glänzendes Haus stände an der Themse! Ein Wink nur – und die herrlichste Villa am Golf von Neapel wäre ihr Eigen! „Wenn ich das niedrige kleine Haus verschmähte, in dem das Glück meiner Söhne wurzelt, so würde ihr guter Stern verlöschen" – das war der Glaube, der ihr Handeln bestimmte. Ein Aberglaube? Vielleicht. Doch jedenfalls ein Aberglaube von besonderer Art.
Und wenn man die Geschichte kennt und das Bild vor Augen hat, das der Mond mir malte, genügen zwei Worte, um seinen Inhalt zu verstehen, die Worte: Eine Mutter!

Mond über Frankfurt

Grosses Gelb im Schattendunkel
Kaltes Rund über dem Blätterdach
Glitzerreif in vielen Nächten
So fern und doch so nah
Bist du uns, Planet der Planeten

Dein Gesicht hat uns seit Kindheitstagen begleitet
Voll Zärtlichkeit
Gebannt vom Zauber deines Lichtes
Möchten wir dich auf die Erde holen
Und deine Furchen glätten

In deinem Staub haben Menschen gekniet
Und Gott gesucht
Aber Steine gefunden
Mit ihrem silbernen Gefährt sind sie zurück gefahren
Nur ein Fußabtritt blieb dir erhalten

Cafe Bückdich

Gastliche Stätten mit originellen Namen gab es zu allen Zeiten in der Farbenstadt.

Um das Jahr 1830 zum Beispiel den „Schwanen", von reisenden Handwerksburschen und Fuhrleuten gern angesteuert. Das historische Gebäude befand sich in der Bolongarostraße, doch hundert Jahre später wurde dieses Haus gar nicht mehr gern betreten, denn es war zum Sorgenhaus der Bürger, zum Finanzamt umfunktioniert worden.

Der „Schwanen" war nicht die einzige Wirtschaft in Höchst vor 180 Jahren. Ein ganzer Zoo war vertreten. Der „Hirsch" und der „Karpfen", das „weiße Ross" und der „Bär", die „Katze" und der „goldene Löwe."

Auch Himmelskörper liehen Gasthäuser ihre Namen. So der „Stern", die „Sonne" und der „Halbe Mond".

Einen köstlichen Trunk und einen herzhaften Imbiss erhielt man für Kreuzer und Gulden auch im „goldenen Fass" und im „Schlüssel", im „grünen Baum" und im „Anker", in den „Vier Jahreszeiten" und im „Frankfurter" und „Nassauer Hof".

Manche der alten Namen haben sich bis zum heutigen Tag erhalten, wie der „Schwanen" und die „Bärenwirtschaft" beweisen.

Die unbestritten populärste gastliche Stätte im 17., bzw. 18. Jahrhundert war der „Karpfen. Schon der junge Goethe fuhr mit dem Marktschiff von Frankfurt in die „Hohe Stadt am Main", um sich auf dem Höchster Schlossplatz Essen und Trinken schmecken zu lassen.

Aber nicht nur der Dichterfürst hat hier gerastet und gevespert. Auch Dürer, Mozart und Schiller gaben sich die Ehre. Mozart kam als siebenjähriger Bub zusammen mit seinem Vater und seiner Schwester Nanette auf einer reise zu einem Konzert nach Frankfurt in den „Karpfen" und Schiller kehrte hier ein, als er vor seinem württembergischen Landesherren 1782 fliehen musste.

Auch als Großmutter ein kleines Mädchen war, konnte man sich's in den Gasthäusern von Höchst wohl ergehen lassen. Die Familien pilgerten sonntags ins „Döfte Eck" oder in den „Hirschgarten", wo im Schatten mächtiger Bäume stets ein Kinderkarussell aufgebaut war und besonders an Höchster Kerb und Fassenacht heitere, fröhliche Ausgelassenheit herrschte.

Nicht weit entfernt vom „Hirschgarten" befand sich die „Eisenbahn" an der Ecke Königsteiner-Emmerich-Josef-Strasse. Im Volksmund hieß sie „Bambelschnut", nach einer körperlichen Besonderheit des Besitzers. Sie war ein altes gemütliches Wirtshaus mit vom vielen Rauch dunkel gebeizten Wänden.

Am Wochenende wanderten die Höchster Familien und die aus der Nachbarschaft Nied, Sossenheim und Zeilsheim mit Kind und Kegel in den Garten der „Eisenbahn" oder „Bambelschnut", um die Attraktionen wie Kabarett und Kino, Freilufttheater und Privatzoo zu genießen.

In der Altstadt gab es vor dem Ersten Weltkrieg auch noch die „Eiserne Hand", bekannter freilich als „Blechmusik".
Und auch an bürgerlichen und behaglichen kleinen Cafes hatte man vor 50 oder 60 Jahren noch die Auswahl.

Da traf man sich im Cafe „Bolongaro" zu Kaffee und Kuchen,

aber auch zu Konzerten, Dichterlesungen, zum Schachspiel,
oder einfach nur zum „in der Zeitung blättern".
Und natürlich zum Nachmittagstanztee!

Ein anderes Cafe in der Bolongarostraße mit dem Namen
„Gärtner" hieß wegen seiner niedrigen Decke nur „Cafe
Bückdich". Es war das Stammlokal und der Treffpunkt aller
verliebten Paare, die sich gern beim Eintreten ins winzige kleine
Altstadthäuschen bückten und so manche Stunde in dunkelroter
Plüschseligkeit verträumten. Außer den Liebespaaren trafen sich
hier auch Freundescliquen, sonntäglich aufgeputzte Familien
mit ihren Sprösslingen, Maskenballbesucher nach durchtanzter
Nacht, Billardspieler und Backfische, Dandys, Primanerinnen
und Marktfrauen.
Die Spezialität des Hauses war ein Zitroneneis, das wurde jeden
Tag frisch zubereitet und dazu mussten pfundweise Früchte
ausgepresst werden und bis auf die Strasse hinaus roch es
danach. Die Schalen wurden übrigens als natürliches Duft -und
Desinfektionsmittel in den Toiletten weiter verwendet, es gab ja
noch keine Chemiekugeln.

Mitte der zwanziger Jahre wohnten „höchst"vornehme Leute in
Höchst. Die Mühlenbesitzer Gregori etwa oder der Herr von
Brüning, ein eingefleischter Junggeselle, der im alten Schloß
residierte.

Professor von Duden, verwandt oder verschwägert mit dem
berühmten Konrad, der das Wörterbuch der Deutschen
Rechtschreibung entwickelte, fuhr mit Chaise und befracktem
Kutscher spazieren, an staunenden Schulkindern vorbei, die
Mund und Nase aufsperrten.
Die Familie Dauer folgte in gebührendem Abstand mit
Gouvernante in einer gewöhnlicheren Kutsche.

88

Die Gärten der alten Patrizierhäuser ähnelten weitläufigen Parks. Es gab kleine, idyllische Rasenflecken, die man „Mutters Garten" nannte, und größere, die „Vaters Garten" hießen. Die Honoratioren von Höchst verschmähten übrigens keineswegs die bürgerlichen Wirtschaften und Gasthöfe. Sie saßen ebenso gern in der „goldenen Rose" und im „Bären", wie auch in der etwas eleganteren „Post" oder „Schönen Aussicht."

Buttermilch und Schokoeis

Über Nacht ist der Sommer zurückgekehrt. Man sieht ihn, fühlt
ihn und schmeckt ihn.
Vor dem Döner-Imbiss in der Mainzerlandstraße hat einer die
Schuhe und die roten Socken ausgezogen und sich auf den
Boden gesetzt. Neben sich hat er die Bierflasche stehen.
Die beiden jugendlichen Anhalter am Einkaufszentrum haben
auch Pause gemacht und sich ins Böschungsgras gelegt. Am
Kilometerstein lehnen der voll gepackte Tornister und zwei
Tüten mit Buttermilch.

Eine Weile später sieht man die beiden „Mitfahrer" wieder am
Rande der Schnellstraße. Sie winken mit einem Stofffetzen in
den Farben der französischen Trikolore, und darauf ist in weiß
PARIS geschrieben.

Um 11 Uhr sind es auf dem Thermometer an der Apotheke
schon 35 Grad. Die Braungebrannten sind unterwegs. Herr und
Frau P. waren in Sizilien, die Tochter mit Freund und Hund im
Fränkischen.
Die Rentner haben ihre Freiluftsaison wiedereröffnet. In den
Anlagen am Main sitzen und stehen sie in Grüppchen
beieinander und reden über Gott und die Welt.

In der Stadt kommen die Mädchen mit Eistüten daher, die von
der Sonne schon selber aufgeleckt werden.
Im Supermarkt türmen sich Pfirsiche und Melonen.
Bei Familie G. gibt es heute Rote Grütze und Vanillesoße.
Markus und Marina wollen morgen zeitiger ins Strandbad an der
Nidda gehen.
Bei den Schrebergärten am Stadtpark roch es gestern nach
Rosen und gebrutzelten Bratwürsten. Bunte Lichter baumelten

zwischen Bäumen und Büschen, und der Mond hing wie ein Riesen-Lampion über Blaukissen und Graspolstern.

Um drei Uhr fallen die ersten dicken Tropfen. Es blitzt und donnert, und dann prasselt der Regen.
Der Mann in dem orangefarbenen Kran am Krankenhaus riskiert einen Blick in den grauen Himmel und beschließt, oben zu bleiben. Die Leute unten an der Bushaltestelle unterhalten sich darüber. „Mir wäre das zu gefährlich", sagt eine Frau, „wo man doch weiß, dass der Blitz immer in die höchsten Spitzen schlägt."

Gegen Abend hat die dicke italienische Mama einen Stuhl geholt und sich mitten auf den Bürgersteig vor das Haus in der Gutleutstraße gesetzt. Passanten schauen sich verwundert um, als sie vorübergehen.
Genau eine halbe Stunde hat es die Frau aus dem sonnigen Süden ausgehalten. Hat sich stinkende Autoschwaden ins Gesicht blasen lassen und den Kopf geschüttelt über knatternde Mopedfahrer und schrilles Martinshorn.
Dann hat sie den Stuhl genommen und ist ins Haus zurückgegangen.

Sommer mit Julia

Stille Strassen, laute Schritte
Den grünen Sommer aus dem Glas trinken
Sonnenkerzen anzünden
Blassblaue Hortensienblüten zupfen
Ein Spaziergang durch Felder, wo das Brot wächst
Lichthelligkeit und Dämmerschatten
Heiteren Gemütes die Sterne vom Himmel pflücken
Und den Regenbogen herunterholen
Für dich, Julia
Heckenrosen und Schlehendorn besingen
Unter regenschweren Bäumen stehen
Warten und lauschen…

Der lustige Typ

Einen kostenlosen Kundendienst besonderer Art praktiziert einer der Fahrer des Bahnbusses auf der Strecke Frankfurt am Main – Höchst – Bad Soden – Königstein und zurück.

In Conferencier-Manier begrüßt er seine Fahrgäste, macht sie in launigen Worten auf diese oder jene Besonderheit aufmerksam, erzählt ihnen kleine Geschichten und gibt die neuesten Witze zum Besten.

Zum Beispiel diesen: Warum tanken Autofahrer in Höchst immer gleich die doppelte Menge an Benzin? Antwort: Weil sie auf der Suche nach einem Parkplatz manchmal tagelang unterwegs sind.

Freuen sich zwei Teenager, die im Main-Taunus-Zentrum zusteigen: „Klasse, wir haben wieder den Bus mit dem lustigen Typ erwischt!"

Und bedauern zwei ältere Frauen, die in Unterliederbach aussteigen: „Schade, dass wir schon raus müssen, das war so eine vergnügte Fahrt."

Altes Haus

Sonnenblumen, die explodieren
Wildes Moos, das die Wege überfällt
Sachter Glanz, Himmelsflecken
Ein Strauch am Vogelbecken, der laut lebt
Äpfel faulen im Gras
Akelei und Vergissmeinnicht, wie verblassende Erinnerungen
Kürbisse, die wie gelbe Monde aus der Erde wachsen
Spiegel am Fenster bricht Wolkenblau
Und Spinnwebstaub
Zieht Erinnerungsfäden um Pergamentblätter
Und zerbröckelndes Mauerwerk.

Kinderspiele

Die gute alte Trambahn zuckelt noch immer – wie schon seit vielen Jahren – von der Zuckschwerdtstraße bis nach Frankfurt hinein. Die Fahrt ist lang und bisweilen auch langweilig. Eine Schar munterer Schulkinder sorgte dieser Tage dafür, dass Fahrgäste an der Endstation in Höchst vergnügt den Zug verließen.

Die Zweit -und Drittklässler, die fröhlich lärmend an der Hauptwache eingestiegen und dafür zunächst missbilligende Blicke geerntet hatten, entwickelten während der Fahrt eine schier unerschöpfliche Phantasie, die schließlich auf alle ansteckend wirkte.

Wohl unter dem Eindruck einer gerade erst verflossenen Rechenstunde, sorgten die Knirpse für Spannung, als sie anfingen, im Vorüberfahren alle roten Autos, alle weißen und schwarzen Hunde und Frauen mit Kinderwagen zu zählen – von den übrigen Fahrgästen eifrig unterstützt.

Danach boten sie das uralte „Teekessel" - Spiel, bei dem Wörter mit gleichem Namen, aber mit verschiedener Bedeutung, zu erraten sind. Auch hier mischten die Mitfahrer kräftig mit. Ein Mann stand sogar auf, ging zu einem der Kinder hin, flüsterte ihm „Melone" und „Bienenstich" ins Ohr und amüsierte sich köstlich, als nach kurzer Zeit eine ältere Frau im hinteren Teil des Wagens den Mädchen und Buben laut die Lösung zurief. Waren es anfangs nur eine Handvoll Zaghafte, so spielten mit einem Mal auch alle anderen im Zug ebenfalls mit und hatten ein Strahlen in den Augen und glückliche Gesichter!

Ein Rabe nahm den 51er Bus

Der Reisende, der das Pech hatte, dass ihm im Höchster Bahnhof der Zug vor der Nase wegfuhr, hatte beim anschließenden halbstündigen Zwangsaufenthalt vielleicht das Glück, den Seniorwirt der dortigen Gaststätte zu treffen.

Wenn Herr Grunewald – ein kräftiger, liebenswürdiger älterer Herr – seine lustigen Geschichten zu erzählen anfing, dann konnte es passieren, dass auch der 15.04 Uhr Zug wieder ohne den Reisenden abfuhr.
Bei einer Tasse Kaffee kramte Herr Grunewald nämlich in seinen Erinnerungen, die als Bilder im Nebenraum gerahmt an der Wand hingen.

Da war zum Beispiel das Portrait eines stolzen Ebers zu bestaunen, hinter dem sich die fast unglaubliche Story eines handzahmen Wildschweins verbarg, das Moritz hieß. Dieses Prachtexemplar, das als winziges Tierbaby per Einkaufstasche nach Höchst kam, lief später den Wirtsleuten, der Köchin und dem Kellner wie ein Hund hinterher und bettelte in der Küche nach Apfelstückchen.

An Silvester posierte es, zum Gaudi der Gäste, als Fotomodell auf einem Podest aus Holzbrettern und blieb darauf fast eine Stunde lang regungslos stehen.

In den Neujahrszeitungen prangte sein Bild als Attraktion (man hatte ihm noch eine Kette mit anderen Glücksbringern um den Hals gelegt), und als dann eine Reporterin der Frankfurter Rundschau dem Borstenvieh einen Besuch abstatten wollte, da wälzte es sich gerade so temperamentvoll in einer Schlammpfütze, dass der helle Mantel der Besucherin anschließend vom Kragen bis zum Saum hundertfach schwarz gepunktet war.

Der wilde Moritz trieb allerlei Schabernack mit Gästen – und vor allem mit Kindern – und wurde schließlich so aggressiv, dass man sich leider von ihm trennen musste. An seine Stelle trat „Rosa", eine Wildschweindame, die aber nicht annähernd die Intelligenz und das Temperament ihres Vorgängers hatte.

In jener Zeit, in den frühen fünfziger Jahren, lebte im Haushalt bei Grunewalds auch ein Rabe, der sogar gesprochen haben soll. Auch er lief zwischen den Beinen der Reisenden umher und war das ganz große Vergnügen von allen Kindern.

Eines Tages kam so ein Knirps zu Herrn Grunewald gelaufen und berichtete atemlos, dass sein Rabe soeben mit dem 51er Bus nach Zeilsheim abgefahren sei.
Herr Grunewald rannte nach draußen auf den Bahnhofsplatz und sah gerade noch, wie der Bus vorn um die Ecke bog und wie auf seinem Dach der schwarze Vogel saß.
Eine halbe Stunde später kam der Omnibus aus Zeilsheim zurück und mit ihm das kluge Rabenvieh, das immer noch laut krächzend obenauf saß.
An der Haltestelle flatterte es herunter und stolzierte mit großen Schritten schnurstracks wieder ins heimische Bahnhofsrestaurant hinein.

Vögel über der Stadt

Sie schrauben sich immer höher, die kleinen, braunen Falken,
kreisen um die Bürotürme, um Kirchturmspitzen und
Sendemasten; sind Akrobaten der Lüfte, die Flugkünstler unter
den fliegenden Stadtbewohnern.
Fliegt nicht zu hoch, meine Freunde, damit ihr nicht den silbrig
glänzenden großen Vögeln in die Quere kommst.

Die Stare unten am Main haben sich einen mächtigen
Ulmenbaum ausgesucht, wo sie Ende August ihren
Jahreskongress abhalten. Sie beratschlagen, ob sie lieber hier
bleiben, oder zum Überwintern in den Süden fliegen sollen. Sie
diskutieren über Flugrouten, Entfernungen und
Geschwindigkeit, streiten lautstark miteinander, halten die
Köpfe schief, schwätzen durcheinander und schreien sich
schließlich heiser, bis die Dunkelheit über sie hereinbricht und
ihnen den Schlaf bringt.
Am nächsten Morgen sind sie schon früh wieder munter und
angriffslustig, starten manchmal richtige Attacken auf die
Hunde der Jogger und später fliegen die grauen Vögel mit dem
schwarzen Gefieder zu ihrer Arbeitsstelle, irgendwo in den
Weinbergen, oder Obstgärten.
Wenn sie abends ihren Job beendet haben, kehren sie in Scharen
wieder zu der alten Ulme im Nizza zurück und unter dem Baum
sieht es dann aus, als hätte es geschneit.

Im Oktober hört man es wieder, das heisere Schreien der
Kraniche hoch oben, dicht an den Wolken, wenn sie
hintereinander in einer endlos langen Kette in den Süden fliegen
und immer ein anderer Vogel aus der Reihe heraus schert und
sich als Reiseführer an die Spitze des Zuges setzt.

Und unten auf der Erde haben dann die Menschen Jahr für Jahr in ihren Augen die ewige Sehnsucht nach Sonne und Wärme.

Frühling

Kirschbaumschnee und Raureiffrost hinter schwarzen
Eisengittern
Herzleidrot und bittergelb in Bürgergärten
Hinter Mauern, die fallen werden
Der Ruf des Bussards über grün gesprenkeltem
Felderquadrat
Am toten Fluss verweht und verspuckt im Fadenkreuz
der Winde
Tristesse an einem Sonnenmorgen im April
Und Heiterkeit an einem regenschweren Donnerstag

Eidechse

Du gehst für mich durchs Feuer, Eidechse
Schlängelst dich über weiße Steine in Arkadien
Sitzt in Mauerritzen und dunklen Grotten,
Bereit zum Sprung
Wenn die Sonne an den Küsten verdampft,
Leuchten deine Augen kühl
Wie ein Bergsee
Erklär mir das Licht, Eidechse,
In dem du nicht ertrinkst,
Und den Sternenstaub,
Der dich unverwundbar macht.

Mohrle aus der Mülltonne

Die Kleine saß auf einer Bank im Grüneburgpark und
schlenkerte mit den Beinen. Dabei tätschelte sie einen
mittelgroßen, schwarzen Hund undefinierbarer Rasse.

Der Vierbeiner mit den klugen braunen Augen wirkte auf
Anhieb sympathisch, und schließlich hatten alle
Vorübergehenden ihm mal schnell über den Kopf gestrichen,
oder aufs Fell geklopft.

„Das ist Mohrle aus der Mülltonne" stellte das Mädchen den
Schwarzen vor.
Die ratlosen Blicke der Umstehenden veranlassten sie zu einer
weiteren Erklärung: Eines Tages, vor nunmehr neun Monaten,
habe sie den Hund zusammen mit zwei gerade erst geborenen
Welpen fest verschnürt in einem Rucksack in der Mülltonne
gefunden.
Die Hündin sei an der Stirn verletzt gewesen, und ihre Jungen
hätten jämmerlich geschrieen.
„Da hab ich die drei Hunde einfach mit rauf in unsere Wohnung
genommen. Obwohl wir zehn Kinder sind, hat die Mutti nichts
dagegen einzuwenden gehabt, auch wenn uns der Hauswirt
schon kündigen wollte."

Zwei andere Leute auf der Bank waren empört über soviel
Tierquälerei und dann sagten sie staunend:" Zehn Kinder seid
ihr, und jetzt noch drei Hunde! Du musst eine sehr
verständnisvolle Mutter haben."
„Die hab ich", meinte die kleine Tierfreundin stolz und stand
von der Bank auf.
Als die Leute ihr nachschauten, sahen sie noch ein eifrig nach
hinten winkendes Mädchen, zwei neugierig gespitzte schwarze

Hundeohren und eine freundlich wedelnde weiße
Schwanzspitze.

Hund

Bernsteinaugen, klar und tief wie ein Masurensee
Oder ein Meeresfjord an Norwegens Küste
Schwarzes Fell wie Kohlen in der Sonne,
Oder alt gewordenes Ebenholz
Treue unverbrüchlich, Platin oder Gold gleich
Liebe die niemals zerbricht

Badekunden

Wer nur die Rendite vor Augen und das Kapital im Kopf hat und dabei nicht aufpasst, wohin ihn seine Schritte lenken, der kann bei der Deutschen Bank ganz schnell baden gehen.

Mitten durch deren nobles Entree nämlich plätschert ein munterer Bach, wohl dem kreativen Geist eines besonders begabten Architekten entsprungen.
Und eben jenes Gewässer wurde schon so manchem versunken daher schreitenden Besucher zum Verhängnis.

Als schon einige (Kunden-) Kinder in den Brunnen gefallen waren, kriegte man auch bei der Direktion feuchte Füße, reagierte und – investierte.
Fortan hält Schwester Barbara von der Sanitätsabteilung einen gemütlichen Bademantel, Trainingsanzug und Turnschuhe für Wassermänner (und Wasserfrauen) bereit.
Weil so ein unverhofftes Badevergnügen aber letztlich doch nicht jedermanns Sache ist (und auch das eigene Image dabei ganz leicht den Bach runter schwimmen kann), fragt man sich in den Chefetagen allmählich, ob man das Flussbett nicht lieber ganz trockenlegen soll.

Vielleicht aber könnte man es auch obligatorisch machen - das reinigende Bad vor dem Bankgeschäft. Auf dass nur eine saubere Klientel den heiligen Tempel des Gottes Mammon betreten darf.

Die Stille zum Reden bringen

Erinnerungen. Der zarte schmächtige Mann mit der brüchigen Stimme, seine lebhafte Frau.

Wenn die Leute von ihm sagten: „Der Picasso von Nied", dann war das für den sensiblen Künstler kein Kompliment. Er wollte keine Art Picasso darstellen – er wollte ein „Heck" sein.

Der alte Künstler lebte mit seiner Frau und mit fünf Katzen zurückgezogen in einem kleinen Haus in der Kehreinstraße im Frankfurter Stadtteil Nied.

Er wohnte beengt, und sein Atelier – eine winzige Stube – quoll über von Malutensilien und Hunderten von Aquarellen und Holzschnitten, die der überaus fleißige und bedeutende Frankfurter Maler in den vergangenen Jahrzehnten geschaffen hatte.

Georg Heck wurde 1897 in Sachsenhausen geboren. Vom Waisenhaus (die Eltern waren früh gestorben) kam er in die Lehre zu einem Kunstschmied. Er machte den Krieg mit, geriet in Gefangenschaft, verdiente sich als Fabrikarbeiter eine Zeitlang sein Geld und hungerte sich durch, um in Frankfurt die Städelschule besuchen zu können, wo er Meisterschüler von Max Beckmann wurde.

In den 30er Jahren fand er seinen eigenen künstlerischen Stil, war freischaffendes Mitglied der Darmstädter Sezession und des Deutschen Künstlerbundes und stellte seine Werke im In-und Ausland aus.

1933 wurden seine Bilder als „entartete" Kunst auf dem Römerberg öffentlich verbrannt und 1944 verlor er einen großen Teil seiner wertvollen Stücke bei einem Luftangriff.

Er sprach nicht mehr gern von der Vergangenheit. „Ich lebe in der Gegenwart", sagte er und er plante eine Ausstellung. Er legte jeden Pfennig zurück, damit er wenigstens eine kleine Anzahl seiner umfangreichen Sammlung von Aquarellen, Graphiken und Holzschnitten hätte rahmen können.

Früher hingen seine Bilder im Frankfurter Städel, und in der Kunstszene wurde Heck als Geheimtipp gehandelt. Die Stadt Frankfurt versprach ihm schon vor Jahren, für größere Atelierräume zu sorgen – aber beim Versprechen ist es geblieben.

Verbittert darüber, dass man heutzutage nicht mehr soviel an ihn dachte und von ihm redete, war Georg Heck gewiss nicht. Er war viel zu bescheiden, um für sich die Werbetrommel zu rühren. Vielleicht war er nur ein wenig traurig, dass die meisten seiner Schöpfungen im Verborgenen geblieben sind, in die Einsamkeit der eigenen vier Wände verbannt waren, – obwohl sie auch den Menschen in der jetzigen Zeit etwas mitzuteilen gehabt hätten.

Seine Frau sagte, dass er ein Einsiedler gewesen sei, einer, der sich bewusst abkapselte, sich versteckt hielt vor einer Umwelt, in der Hektik und laute Betriebsamkeit vorherrschte. Heck aber liebte und schätze die Stille. Er brauchte keine Denkanstöße und keine Impulse, keine Eindrücke oder Anregungen von außen. Wenn er vor der Staffelei stand – und er arbeitete täglich ein paar Stunden mit Pinsel und Farben – dann kamen die Inspirationen und Ideen aus seinem Inneren, aus der ureigenen Erlebniswelt und Phantasie. Er malte alles und jedes. Expressionistisch, naturalistisch, manchmal surrealistisch, und er probierte ständig neue Techniken aus. „Man darf nicht erstarren, man muss in Bewegung bleiben", war sein Leitmotiv.

Seine Themen: gegenstandslose und abstrakte Formen, Farben, ein harmonisches Zusammenwirken von Flächen, Kreisen, Linien, Punkten.

Aber auch die Natur faszinierte ihn: Das Meer, der Wald, die Bäume, dann der Mensch, seine Nöte, Ängste, Zwänge, seine Freuden. Meist verzichtete Heck auf einen Titel, damit der Besucher nicht von vornherein festgelegt und selbst am Denken gehindert wäre.

Manche seiner Werke erinnerten in den graphisch strengen Perspektiven an einen Lyonel Feininger, andere wieder mit den explosiven Farben, Formen, Vierecken und den turbulenten Bewegungen und welligen Linien an Wassily Kandinsky.

Die Musik inspirierte ihn. Einmal hatte er nach einem Violinkonzert ungestüme schwarzweiße Graphiken gestaltet, die sich nur zögernd dem Betrachter erschlossen haben.

Ein besonders schönes Aquarell nannte er „Fuge in Blau" und seine Holzschnitte waren von einer monumentalen Einfachheit, voll Aussagekraft und ästhetisch in ihren Proportionen. Berühmt war auch sein Selbstbildnis, das ihn als jungen Mann zeigte.

Er hat es nicht mehr erlebt, der Georg Heck, dass er und seine künstlerischen Werke doch noch gewürdigt wurden.

„Seine Bilder sind getränkt mit dem ganzen Reichtum seiner Seele" sprach Frankfurts Kulturdezernentin Linda Reisch bei der Eröffnung einer Ausstellung von Aquarellen und Holzschnitten des oft als „Hungerleider von Nied" verspotteten und vergessenen Künstlers Georg Heck.

Die eindrucksvolle Retrospektive hatte der später gegründete „Kulturkreis Georg Heck" realisiert und organisiert, der sich auch um den Nachlass kümmert.

Der scheue Künstler, dessen eigene Hoffnungen und Träume einst im Feuer der Bilderverbrennung zerbarsten, er hätte sich über soviel Anerkennung gefreut.

In jener Zeit notierte er unter dem Titel „Weisheiten, Splitter eines nackten Körpers" „ich laufe daher wie ein Fremdling und habe doch Hoffnung. Ich bin untröstlich und doch wieder heiter. Vom Leben liebe ich das Sichtbare – und fühle die Tiefe in mir. Das ist mein inneres Reich, in dem ich groß bleiben will."

Im Jahre 1982 starb Georg Heck. So hat er auch die Präsentation seiner Arbeiten anlässlich seines 100. Geburtstags in der Frankfurter Kunsthalle Schirn nicht mehr erleben dürfen. Nicht mehr den Ansturm der Besucher gesehen, die sich vor den Blättern mit den grazilen Figuren aus der Mythologie, vor den strengen, schwarzweißen Holzschnitten und vor seinen Bildern in der typischen leuchtenden Farbigkeit nur so drängten.

Vor fünf Jahren wurde im Kasino des ehemaligen IG-Hochhauses von Hans Poelzig - das inzwischen zum noblen Domizil der Frankfurter Goethe-Universität geworden ist - ein großes pastellfarbenes Fresko frei gelegt. Das Kunstwerk der Klassischen Moderne zeigt antike Szenen aus „Arkadien": Traumlandschaften mit tanzenden Nymphen, einem Pan mit Flöte, graziösen Jünglingen und elegischen Jungfrauen als Lautenspielerinnen.

Es galt lange als „reife" Leistung von Max Beckmann. Namhafte Professoren und Kunstsachverständige rühmten seine Schönheit und Ausdruckskraft, schrieben ganze Abhandlungen darüber und priesen es als Kunstwerk von hohem Wert. Doch die Fachleute irrten. Das Wandbild mit den Hölderlin-Zeilen: „Komm. Es war wie ein Traum! Die blutenden Fittiche sind ja schon genesen. Verjüngt leben die Hoffnungen all!" war kein „Beckmann", sondern „nur" ein Heck.

Den Auftrag für das Gemälde verdankte Georg Heck Lily von Schnitzler, einer Frankfurter Kunstsammlerin und Mäzenin. Da Lily mit Max Beckmann befreundet war, der damals an der Städelschule eine Meisterklasse unterrichtete, empfahl ihr dieser für die Ausgestaltung des Roten Salons vermutlich seinen Meisterschüler Georg Heck.

Seit der Nazi-Zeit als „entartet" übertüncht, harrte es seiner Freilegung, auf die Georg Heck vergeblich gehofft und die er selbst nicht mehr erlebt hat. Dieser Triumph war ihm nicht mehr vergönnt!

Kopftücher, die im Wind flattern

Montags morgens um halb acht hängt eine „höchst" gereizte
Stimmung über Höchst.
An der Dalberg -Anlage sind sich zwei Wagenlenker in die
Quere gekommen, einer steigt aus, gestikuliert wild und schreit
sich den Zorn von der Seele. Der Verkehrslärm aber hat den
Wutausbruch unheimlich schnell wieder verschlungen.

Wenig später schneidet ein blauer BMW eine rote Ente,
Bremsen quietschen, Leute schimpfen, ein Betrunkener torkelt
mühsam über die Strasse.
In der Volksbank haben sie nachts die großen Glasscheiben
eingeworfen. Einen Haufen Scherben. Splitter.

Ein Polizist sperrt ab, ein Besenmann erscheint. Aus der
Bäckerei an der Ecke der warme Geruch nach frischem Brot.
Zwei Politessen unterbrechen ihren Kontrollgang und kaufen
von dem Brot.

Blutrote türkische Parolen sind auf das Haus in der
Justinuskirchstraße aufgesprüht. Kinder, auf dem Weg zur
Schule, bleiben stehen, rätseln, was die wohl bedeuten.

8.15 Uhr. Es fängt an zu regnen. Ein kühler Wind zerrt an den
gelben Krokussen, die längs des Bahndamms vor sich hin
blühen.
Auf der Bank an der Promenade liegt einer zusammengekauert
und friert. Unter der Bank scharren Amseln, lassen sich auch
nicht stören, als der Mann wach wird, sich umständlich erhebt.
Ein fleckiger Mantel, ein graues Gesicht!

In der Hostatostraße stehen drei Fahrzeuge vom ASB. Eines

von ihnen bläst stinkende blaue Schwaden in den regentrüben Höchster Himmel. Und das schon zehn Minuten lang. Als der Fahrer, bepackt mit Paketen, endlich erscheint, wird er brutal von einem Lastwagen attackiert, der sich hautnah an ihm vorbeiquetscht. Im letzten Moment kann der Arbeiter-Samariter zur Seite springen.

Aus vielen offenen Wunden blutet die Stadt. Baustellen, wohin das Auge blickt. Gräben, Furchen unserer Zeit. Menschen hetzen, hasten, rennen, eilen. Schulkinder mit erwachsenen, tieftraurigen Augen. Keine guten Zeiten für Heiterkeit! Soziologen sollten sich einmal mit diesem Frankfurter Stadtteil befassen, mit jenem hektischen Höchst mit seinem laut brüllenden Verkehr, mit einem krankmachenden Klima der Aggressivität, das auch eine heile Altstadt-Idylle nicht überdecken kann.

8.30 Uhr. Ein Autofahrer kurvt rücksichtslos über den Bürgersteig, bringt eine alte Frau in Gefahr. Flüche hallen ihm nach, ein Mann schwingt die Faust. Dann schon wieder ernste, gehetzte Gesichter – obwohl der Tag erst begonnen hat: Schulgesichter, Bürogesichter, Fabrikgesichter – verbissen und verspannt.

9.00 Uhr. Eine Gruppe von Türkinnen steigt aus dem Bus. Ihre Kopftücher flattern im Wind. Ihre Kleidung ist schreiend bunt, zögernd überqueren sie die Straße, als die Ampel auf Grün springt. Einige von ihnen halten sich an der Hand der anderen fest.

9.15 Uhr. Vor dem Reisebüro, wo sie Sonne und blaues Meer verkaufen, ist ein alter Mann zusammengebrochen. Kalkweiß ist er, leblos erscheint er. Passanten halten ihn aufrecht wie eine Puppe.

Sekunden später der schrille Ton des Notarztwagens.

Der Regen hat aufgehört, am Himmel zeigt sich Blau zwischen Grau, eine junge Mutter auf der anderen Straßenseite fährt übermütig ihren Kinderwagen in schlängelnden Zick -zack- Linien und ein Kind juchzt vor Vergnügen.

Dieb

Ich komme wie ein Dieb in der Nacht
Um die Vergangenheit zu stehlen
Die dunkelgrauen Gedanken
Und die schlaflosen Nächte
Will ich vergraben und vergessen
Ich komme um die Vergangenheit zu stehlen
Aber da hatte man die Zukunft schon geraubt!

Karottenstückchen für „Albert"

Herbststimmung unter den alten Platanen im Rödelheimer Brentanopark. Dürr sind die Äste und der Boden unter ihnen ist mit braunem Laub angefüllt. Ein leichter Wind bläst die sonnenvertrockneten Blätter vor sich her.
Die jungen Bäume tragen noch ihre grüne Krone, sehen gesünder aus als die Veteranen.

In den Kleingärten explodieren die Sonnenblumen, ragen riesig in den blassblauen Himmel, machen der Herbstsonne Konkurrenz. Kürbisse wachsen wie große gelbe Monde aus dem braunen Erdreich. Der Herbst feiert Oktoberfest!

In einem der Gärten nahe der Nidda faulen die Äpfel im Gras. Buben mit Plastiktüten klettern über den Zaun. Aber nicht die Äpfel reizen sie, sondern der mächtige Nussbaum, der seine dickschaligen Früchte jetzt abwirft.

Auf dem Wochenmarkt verkaufen sie den Herbst Pfund –und kiloweise. Zwei Pfund blaue Trauben, Kur geeignet, drei Kilo Äpfel für den Obsttag – aber von der Boskop-Sorte, bitte schön!
„Die Pilze sind heute besonders günstig", sagt der Mann neben dem Stand mit den flammenden Astern und zeigt auf das Schild, das inmitten goldgelber Pfifferlinge steckt.
Die Hausfrauen bleiben zwar stehen, zögern einen Augenblick und greifen dann doch lieber zum preiswerteren Weißkraut.

In der Altstadt riecht es nach Pizza. Brigitte vom Kunterbunt-Lädchen ist auf die Straße gegangen, um ihre Messeneuheiten unter die Leute zu bringen. Kinder und Rentner sind ihr dankbarstes Publikum.

Durch das Gewühl in der Stadt fährt plötzlich ein großer, bunter Farbklecks. Der 53er, poppig rot und blau bemalt, macht rollend Reklame für irgendeinen Jeans-Shop.

Rote Beeren in den Vorgärten am Bach. Auf der Böschung spielen die wilden Kaninchen Nachlauf. Einen besonders zutraulichen Flitzer haben tierliebe Anwohner „Albert" getauft. Ihm und den anderen Alberts werfen sie von den Balkonen Karottenstücke und Äpfelschnitzel zu.

In Alt –Unterliederbach duftet es nach Kuhstall und beim Löwenwirt nach frischem „Süßen." Vor der Kirche ist die Kerb aufgebaut. Das futuristische Karussell bildet einen merkwürdigen Kontrast zur Dorf- und Fachwerkidylle. Im Kerbewagen essen die Karussellbesitzer gerade Abendbrot.

Vorbei am herbstlich aufgeputzten Graubnerschen Park mit dem Herrenhaus des Lederfabrikanten Carl Graubner, aus der Zeit von 1880, zur neuen, modernen Tennishalle am Geisspitzweg, wo die Bälle hin -und herfliegen und die Jünger des weißen Sports sich spannende Duelle liefern.

Herbsttage. Auch in und um Frankfurt herum können sie schön sein! Wenn's nicht gerade regnet und stürmt!

Auf dem Weg in die Welt

Im Bankinstitut wartet er geduldig in einer Schlange.
Er wirkt nervös, und sein Sparkassenbuch hält er krampfhaft mit
beiden Händen fest.
Als er an der Reihe ist, hören die anderen Wartenden mit
Staunen seine Geschichte: Er ist Ostaussiedler und wohnt seit
zehn Jahren in Frankfurt. Verwandte und Angehörige leben in
Australien und in Amerika. Die will er besuchen.

Jahrelang hat er eisern gespart, zuerst Pfennig auf Pfennig, Mark
auf Mark gelegt, später dann Cent und Euro gesammelt, um die
Reisekosten zusammenzubekommen.
Für den Flug über den großen Teich hat er jetzt alles Geld
beisammen; die Passage nach Sydney bezahlt der alte, 95jährige
Onkel.

4000 Euro nimmt er schließlich in Empfang und zählt mit
zitternden Fingern die Scheine. Die Kassiererin wünscht ihm
Glück; erst in einem Jahr wird er die neue Heimat Frankfurt
wieder sehen.

Als die Umstehenden ihm ebenfalls „Gute Reise" zurufen,
lächelt er, geht reihum und gibt jedem die Hand.
„Danke schön" und „Gott segne Sie", sagt er in seinem harten
Deutsch – ehe er die Tür öffnet.

„Strickliesel"

Sie stand auf dem Bahnsteig Nummer 2 in Wiesbaden und
wartete auf die S –Bahn Richtung Frankfurt-Hauptwache.
Die Freundin sagte „Liesel" zu ihr.

Dann kam der Zug, sie stieg ein und kramte aus der Tasche ein
Strickzeug. Ein Pullover war da am Entstehen, gelb und rot
gekringelt.
Die „Liesel" fing an, mit den Nadeln zu klappern – zwei rechts,
zwo links im S-Bahn-Takt – und plötzlich stockte sie, schien
irritiert.

Sie schaute angestrengt und begann leise zu zählen, irgendwo
musste ein Fehler sein.
In Höchst stieg eine ältere Frau in den Wagen, übersah mit
einem Blick die Nöte der jungen Strickerin und gab spontan
Hilfe beim „Abnehmen".

Bald waren sie in ein Fachgespräch vertieft, die Jüngere und die
Ältere. Es ging um Muster und Maschen, um Ärmelbündchen
und um modische Kragen.
An der Hauptwache schließlich trennten sie sich als zwei
Verbündete, die Frau und das Mädchen.
Sie gingen noch eine Weile nebeneinander durchs
Menschengewühl und hatten die Köpfe zusammengesteckt, bis
die Ältere von der Rolltreppe hinunter zur U-Bahn verschluckt
wurde.

Traum

Die Hügelkämme emporsteigen
Durch das Zwielicht den Regen ertasten
Dem Schwalbenflug bitteres Erkennen dranhängen
An einen Sommer im Jahr des Krieges – 1944
Geheimnisse vergessen und rotweinfleckige Erinnerungen
Beschwören
Wach werden und schwer atmen
Den versöhnlichen Blick in die Bäume richten
Und die Nacht aus den Gliedern schütteln

Oskar – ein Tippelbruder

Er hat mit letzten Pinselstrichen sein jüngstes Bild vollendet.
Nun sitzt er in der Gaststätte „Zur Endstation" in der
Zuckschwerdtstraße und betrachtet das künstlerische Werk, das
er für Kost und Logis angefertigt hat.
Vor seinen Augen breitet sich die farbenprächtige Kulisse von
Alt -Höchst aus. Die Silhouette mit Justinuskirche und Schloss
hat er genau hinbekommen, und als Reverenz an die „gute alte
Zeit" hat er noch einen alten Fischerkahn auf dem Main
dazugemalt.

Der Künstler ist von Haus ein Bayer, und ein kleines bisschen
sieht er auch so aus, mit dem Gamsbart auf dem grünen Jägerhut
und dem Schnauzbart im wettergegerbten, pfiffig -verschmitzten
Gesicht.

Sein Name ist Oskar Strassner; er ist ein Tippelbruder und
Landstreicher, einer, dem die große Freiheit über alles geht. Der
überall und nirgends zu Hause ist, dessen Bett der Schlafsack,
dessen Kopfkissen oft ein harter Baumstamm und dessen
Schlafzimmerdekor der nachtblaue Himmel mit den Sternen ist.

Dabei macht der Oskar feine Unterschiede, wenn es um den
Begriff „Landstreicher" geht. „Ich bin kein Pennbruder" erklärt
er. „Meine Kumpels von der Landstraße sind Berber, das heißt
Nomaden. Wir sind Arbeiter ohne festen Arbeitsplatz, aber wir
verdienen uns, was wir zum Leben brauchen, und mit der
Polizei stehen wir allzeit auf gutem Fuß.
Sein Leben lebt der Oskar draußen bei Mutter Natur. Nie hält es
ihn lange an einem Ort, in einer Stadt.

Der gebürtige Bayer ist ein vielseitiger Zeitgenosse mit

mannigfaltigen Talenten.

Vom Vater hat er die Liebe zur Musik geerbt und sie auch vor vielen Jahren ernsthaft studiert. Eine Zeitlang war er Alleinunterhalter und hat eine eigene Kapelle gehabt. Noch jetzt spielt er oft in Dorfgasthäusern zum Tanz auf.

Dann fing er mit dem Schnitzen an. Holzreliefarbeiten, kleine und große Skulpturen, manchmal auch hölzerne Flaschenkorken mit Gesichtern drauf für eine Kunststube.

Eines Abends saß er in einer Wirtsstube und wollte sich ein Glas Bier genehmigen. Das hätte 1.80 Euro gekostet, und er hatte nur noch 1.50 in der Tasche. Da hat er sich ans Klavier gesetzt und später noch das Akkordeon dazugeholt und stundenlang musiziert. Dabei fiel sein Blick auf die kahle, nackte Wand. Da schlug er dem Wirt vor, dass er die bemalen wolle. Der war begeistert. Da der Wirt ein Marokkaner war, hat er ihm „maurische Impressionen" draufgepinselt.

So ist er, der Tippelbruder Oskar Strassner. Er will ein wenig Anerkennung und Beachtung von seinem Mitmenschen, er möchte ab und zu einen guten Schluck trinken, er will satt zu essen haben und vor allem frei leben können.

Dabei könnte er mit seinen Talenten ein sorgenfreies, bürgerliches Leben führen.
Seine Holzbildkunst ist hochgeschätzt und viel gefragt. So mancher Bürgermeister will ihn nicht mehr los lassen wenn er bei ihm auftaucht und ihm dekorative Holzwegweiser schnitzt oder anspruchsvolle Hinweisschilder für Naturlehrpfade und Kinderspielplätze.

Gesund ist er, der Umherziehende. Krank war er eigentlich noch nie. Irgendwann einmal hat ihn ein Arzt untersucht und

festgestellt, dass sein Innenleben unverwüstlich ist und aus lauter Kupfer -und Stahldrähten besteht.
So etwas freut den 55jährigen, der sich auch seine eigene Lebensphilosophie zusammengebastelt hat.

„Manchmal, wenn etwas schief läuft, dann schimpfe ich mit dem da oben" sagt er, „dann sage ich „Hallo, alter Bursche, du hast mich ganz schön im Stich gelassen", „ aber dann geht's meistens nach ein paar Tagen wieder aufwärts, und dann entschuldige ich mich."

Für einen Fabrikanten hat er einmal den Heiligen Kilius, den Schutzpatron von Würzburg, schnitzen müssen, und er hat den streitbaren Heiligen mit dem Schwert in der Hand aus einem einzigen Block Lindenholz herausgeschnitten. Der künftige Besitzer war beeindruckt und hat ihm eine komfortable Unterkunft im Hotel zum Schwarzen Adler verschafft.

Dort hat er es nicht lange ausgehalten, ist lieber wieder auf die „Walz" gegangen, ist durch halb Deutschland marschiert, durch Wälder und durch Wiesen, hat viel gesehen unterwegs und viel erlebt. Hat an Flüssen und Bächen seine Kleider gewaschen und anschließend Freiluftbäder genommen, hat über seinem Kopf die Vögel pfeifen gehört und sich gefreut, dass er zur Zunft der „fahrenden Gesellen" zählt.

My money is futsch

Nebelnässe und Nieselregen. Sie stand an der Bushaltestelle, und sie sah in ihrem bunten Wollponcho und der spitzen Mütze aus wie eine Bergbewohnerin aus Tibet.
Ihre Augen waren wach und offen, ihr Lächeln einladend.
Man kam miteinander ins Gespräch. Sie wollte nach Sindlingen, eine Freundin besuchen. Sie selbst ist Amerikanerin –
Medizinstudentin aus Boston – und auf großer (Deutschland) Fahrt.
Ihr schwerer Rucksack drückte sie beinahe bis auf den Boden herab, auf ihrer Stirn glitzerte es feucht. Keine Regentropfen, sondern kleine Schweißperlen.

Die Freundin in Sindlingen ist Entwicklungshelferin und auf Heimaturlaub zu Hause. Das Mädchen aus den USA und die Monika vom Main hatten sich auf einem Indien-Trip getroffen.
„Sie war ein unheimlich guter Kamerad", sagte das US-Girl und freute sich sichtlich auf die Augen von „Moni" und auf den Überraschungseffekt bei ihrem Auftauchen.

Auch hier, in Höchst, hatte die Amerikanerin „gute Kumpels", die sie in ihrer Bude übernachten ließen. Die Farbenstadt kannte sie bereits aus den Erzählungen ihres ältesten Bruders, der nach dem Krieg kurze Zeit beim Soldatensender AFN gearbeitet hatte.
Viel hatte sie von Höchst noch nicht gesehen. Nur dass es ein „Romantic"- Schloss gab, das war ihr bekannt.
Auf der Suche nach einem preiswerten Esslokal freilich tat sie sich schwer. „Noch teurer als bei uns", lachte sie und „My money is bald futsch."

Als der Bus nach Sindlingen längere Zeit auf sich warten ließ, holte sie eine Mundharmonika aus ihrer Tasche, ließ den Tornister zu Boden gleiten, hockte sich auf die Rückenlehne der Bank, baumelte mit den Beinen und spielte den alten Bob Dylan-Song „A Hard Rain's a Gonna Fall", während als Begleitmusik kalte Regentropfen aufs Höchster Pflaster klatschten.

Die Fahrgäste drum herum wussten indes nichts mit dem Open -air- Konzert anzufangen. Unbeteiligt und stumm, ohne sichtliche Regung standen sie in Warteposition, oder blickten scheinbar interessiert in den trüben Höchster Himmel.

Ein alter Mann nur pfiff die Melodie mit und strahlte über das ganze Gesicht.

Als der Bus endlich um die Ecke bog, machte der Regen eine Pause, und die junge Frau aus Boston verstaute mit langsamen, ruhigen Bewegungen ihr Gepäck und winkte beim Abfahren den Zurückgebliebenen aus dem Fenster freundlich zu.

Da hoben sich wie auf Kommando zehn Hände und winkten zaghaft zurück.

Der alte Kapitän

Das ist die Geschichte von einem, der nach einem bewegten und stürmischen Leben den Anker auswerfen wollte, um seinen Seelenfrieden zu finden.

Zweimal hat er das Kap Horn umsegelt, war fünfzig Jahre auf allen Weltmeeren zu Hause, ist auf der „Pamir" gefahren und hat mit der legendären „Padua", dem größten Segler und heutigen russischen Schulschiff, den Globus umrundet.
Er war oft in Seenot, war vor Madagaskar von Piraten bedroht, hat Flauten erlebt und mit Walen gesprochen

Er war Schiffsjunge, Leichtmatrose, Kadett und Offizier, Steuermann und Kapitän und später hat er viel Geld verdient in Irland und in Nigeria als Berater und Experte in Sachen Schifffahrt.
Er kennt Dutzende von spannend-schönen, ungeschriebenen Geschichten, bastelt im Winter Buddelschiffe (die er meistens verschenkt), und er hatte vor, als Krönung seines bewegten Lebens, das erste und einzige Schifffahrtsmuseum am Main, im Frankfurter Stadtteil Höchst, einzurichten.
Sein Name: Erich Albrecht. Seine Adresse: Am Mainberg 4, Hausboot.

Den fast 70jährigen, in Ehren ergrauten Fahrensmann, verschlug es irgendwann nach Hessen. Er ankerte mit seinem Wohnschiff an der Niddamündung, genannt Wörthspitze, zwischen einem bekannten Hotelschiff und einem zweiten Hausboot, dessen Eigner der Weltenbummler und Künstler van Lücht war.
Mit seinen Ersparnissen hatte sich der alte Seebär einen lang gehegten Wunsch erfüllt und einen ehemaligen Munitionsträger aus dem Zweiten Weltkrieg mit einem soliden Rumpf aus Eisen

gekauft, um fortan darauf seinen Lebensabend zu verbringen.

Die Genehmigung, auch tatsächlich am Mainufer anlegen zu
können, enthielt das amtliche Schreiben vom 18. Mai 1979 des
Magistrats der Stadt Frankfurt, Stadtentwässerungsamt, als
Eigentümer des Grund und Bodens.
In diesem Brief teilte die Behörde dem Erich Albrecht mit, dass
sie mit dem Platz an der Niddamündung einverstanden sei und
„dass wir auch gegen die Benutzung der Steintreppe als Auflage
für den Landgang nichts einzuwenden haben."

Der ehemalige Seefahrer fing an, es sich auf seinem derart
amtlich abgesegneten Haus auf dem Fluss gemütlich zu machen.
Er richtete sich maritim ein, wie in einer Kajüte, pinselte das
Holzwerk rot und weiß an, stellte Blumenkübel auf und begann
mit den ersten Vorbereitungen, im hundert Quadratmeter großen
Bauch seiner „Venus" in naher oder ferner Zukunft einmal ein
kleines nautisches Museum zusammenzustellen.

Der Bürgervereinigung Altstadt allerdings war das Hausboot mit
seiner „verklinkerten" Fassade ein Dorn im Auge. Sie war der
Meinung, dass das Wohnschiff ein „Fremdkörper" sei, der nicht
in das historische Stadtbild von Höchst passt.
Albrecht dagegen wollte nicht einsehen, dass sein Kahn die
Höchster Kulisse beeinträchtigt. Im Gegenteil, ebenso wie in
Amsterdam, würde das schwimmende Domizil gerade zu einer
Belebung beitragen, fand er und berief sich auf die
Entzückungsrufe vieler fremder Besucher, denen er bereitwillig
seine Haustür öffnete, wenn sie sich bei ihm umschauen wollten.

Auch die Enten und Möwen umkreisten immer wieder neugierig
das Schiff des alten Kapitäns und der elegante Reiher Henry im
Hintergrund hielt seine tägliche Wache.

Aber nicht nur die Denkmalschützer, auch der älteste Höchster Verein, die Fischerzunft, schlug Alarm, weil er seine privilegierten Uralt-Rechte in Gefahr sah. An eben jener Stelle, wo nun das Hausboot auf den trüben Fluten der Nidda schaukelte, lag jahrhundertelang der Nachen mit den Netzen der Fischer.

Schließlich korrigierten auch die Wasserprofis in Frankfurt ihre zuvor erteilte Liege-Erlaubnis als „bedauerlichen Verwaltungsfehler" und räumten dem alten Kapitän eine „großzügige Frist" zur Entfernung seines schwimmenden Hauses ein. „Denkmal -und Landschaftsschutz" nannten sie als Gründe.

Wie ist das Gerangel letztendlich ausgegangen? Der Ex-Kapitän hat sein „Wasser-Haus" mit Pinsel und Farbe weiterhin neu aufgemöbelt und war fest entschlossen, um seinen Altersruhesitz zu kämpfen.
„So leicht gebe ich nicht auf" sagte er damals, „ich hab' schon so manchen Sturm auf dem Ozean überlebt!"

Man erzählt sich, dass er freilich nicht mehr lange sein Hausboot genießen konnte und auch aus seinen Plänen für ein eigenes Museum ist nie etwas geworden, denn seinem Kampf um einen Ankerplatz machte der Tod ein Ende.

Heute schwimmt das alte Kriegschiff aus den 40er Jahren, das von dem alten Seemann zu dem schmucken Hausboot „Venus" umgebaut worden war, noch immer idyllisch an der Niddaeinmündung in den Main. Es dient manchmal als Disko, Bar und Clublokal für Rockmusikveranstaltungen.

Leben in der Vergangenheit

Der Gedichtband „Stadtnacht", mit den Illustrationen von Max
Beckmann, ist längst vergriffen. Im Herbst 1920 erschien er in
600 nummerierten Exemplaren und galt nicht nur in
literarischen Kreisen als Rarität, stellte er doch in Form und
Aussage ein einzigartiges Dokument der Lyrik des deutschen
Expressionismus dar, als der wichtigsten kulturellen Anti-
Kriegsbewegung jener Zeit.

Um die Dichterin der „Stadtnacht", der stark sehbehinderten Lili
von Braunbehrens, einer liebenswerten späteren Frankfurterin
und talentierten und geistreichen Künstlerin, die schon lange
nicht mehr lebt, und die zuletzt zurückgezogen und beinahe
vergessen in einem Heim in Bad Nauheim wohnte, ist es still
geworden.
Dabei war ihr Werk einst Rebellion gewesen gegen sattes
Bürgertum, gesellschaftskritisch und aufbegehrend zugleich.

Ihre Gedichte spiegelten die Zerrissenheit einer ganzen Epoche
wider, das Verstörtsein ihrer Menschen in der Anonymität der
großen Städte, ihre Entfremdung und die wilde Sehnsucht nach
Frieden.
Mit beklemmenden Worten analysierte und reflektierte Lili von
Braunbehrens. Sie riss dem Dämon „Großstadt" schonungslos
die Biedermann-Maske vom Gesicht, schrieb vom Inferno und
der Zerrissenheit, von einer brutalen Gleichgültigkeit und von
der Isolierung des einzelnen. „Verschließe deinen Schmerz in
der Berge Tiefe und alle Lust wird sehen deine Tat"!

Ihre Kritik, am Frankfurt der 20er Jahre orientiert, ihre
eindrucksvollen Verse über den erlebten Alltag („ich erinnere
mich an die Schnurgasse und an die Kaschemmen dort, an die

plumpen kahlköpfigen Gestalten im Dunst der
Alkoholschwaden, unter den Klängen eines brüchig schreienden
Orchestrions ..."") inspirierten Max Beckmann zu seinen
berühmten Bildern mit den mannigfaltigen düsteren Großstadt-
Szenen.

Lili, die als Tochter eines preußischen Offiziers in Berlin
geboren wurde, mit der Familie dann nach Frankfurt
übersiedelte und ihre schulische Ausbildung an der
Blindenanstalt Neuwied erhielt, lernte im Kriegswinter 1915 den
Maler Max Beckmann auf einer Gesellschaft im Kreis der
Battenbergs im Ratskeller kennen.
Der erste Eindruck von ihm blieb dem jungen Fräulein von
Braunbehrens unauslöschlich. Sie führte mit ihm lange
Gespräche. Traf sich regelmäßig mit ihm und bezeichnete in
ihrem Tagebuch die Begegnung als „Höhepunkt in meinem
Leben."

Ihre Gedichte für ihn schrieb sie unter Mühen auf eine
Blindentafel, mit einem eigens dazu angefertigten Stechstift,
meist bei Mondschein im dunklen Zimmer, um durch das
Stechgeräusch die Mutter nicht zu stören.

Jahre später, als die „Stadtnacht" lange schon erschienen war,
fügte Lili ihren Erinnerungen an die Freundschaft mit
Beckmann noch einmal eine fragmentartige Prosaschilderung
hinzu. „Gestalten und Gedichte um Max Beckmann."

1978 veröffentlichte die Lyrikerin unter dem Titel „Hat der
Mond dich betrogen, nimm eine Handvoll Sterne" in einem
schmalen Bändchen der collis press eine Auswahl ihrer von
1967 bis 197ß geschriebenen Gedichte.

Die musische Begabung der Lili von Braunbehrens beschränkte

sich nicht allein auf das Schreiben, auch als Liedersängerin und Chansonette machte sie sich im Berlin der zwanziger Jahre einen Namen.

Ihre Gedichte, Erzählungen, Novellen, ihre Liedertexte und ihr Tagebuch, in welchem sie ihre Gedanken über die Begegnungen mit Max Beckmann niederschrieb, aber auch Unvollendetes und Unveröffentlichtes, bewahrte sie sorgsam auf. Viele ihrer Manuskripte gingen während oder nach den Kriegswirren verloren. Der Anfang eines Romans fand nie den Weg aus ihrer Schublade heraus.

Ihre körperliche Behinderung, das fehlende Augenlicht und die daraus resultierende Hilflosigkeit, mögen der Grund sein, dass die große dichterische Begabung der Lili von Braunbehrens nicht annähernd so gewürdigt wurde, wie sie es verdient hätte.

Radfahrer in Frankfurt

Haarscharf rauschen sie auf den Bürgersteigen an den
Fußgängern entlang. Schlängeln sich um Rollstühle und
Kinderwagen, quetschen sich an frei laufenden Kindern und
Hunden vorbei. Freie Fahrt den Mutigen.
Vor 38 Jahren schon - so steht es in einem alten vergilbten
Zeitungsartikel, – hat Frau T. die „Unsitte" erwähnt, dass jetzt
„auch die Radfahrer wie wild auf den Trottoirs fahren und man
als Spaziergängerin mit allem rechnen muss."

Recht hat sie, die Frau T. Eigentlich sollte man meinen, dass
man dort zu Fuß gehen darf, wo „Bürger" zu Fuß gehen dürfen –
auf dem „Bürgersteig". Aber längst schon ist der „Steig" auch
für die anderen da. Für die rücksichtslosen Autofahrer, die ihn
als Parkplatz benutzen und für die rasenden Radfahrer, die so
manchen schlendernden Flaneur buchstäblich an die Wand
gedrückt haben.

Der Dom

Um seine Turmspitze kreisen schwarze Vögel.
An warmen Sommertagen sitzen vor seinem Portal die
Stadtstreicher und die Obdachlosen, aggressive und friedfertige
und die Bettler und Schnorrer, die Gestrandeten und die
Straßenmusiker und die Punkmädchen, die ihren Joint
weiterreichen.
Auf einem Zettel, an der Wand befestigt, wird der frühe
Drogentod eines Jungen beklagt und einer, der in der Ecke
hockt, hält die Hand auf, als zwei Nonnen flüsternd in den Dom
hinein treten.

Drinnen der warme Geruch alter Kirchen, die Mischung aus
Weihrauch, Wachs, Holz und Staub – und ein Gefühl der ewig
gleichen Rituale, die in den Mauern eingebettet sind.
Still ist es, der Lärm wird ausgesperrt. Ein Vater zeigt seinem
Kind die Kreuzigungsgruppe und Studenten lauschen dem
Vortrag ihres Kunstprofessors.

Sankt Bartholomäus heißt der Dom zu Frankfurt am Main, und
gegründet auf den Resten einer kleinen merowingischen Kapelle
aus dem Jahr 680, ist er ein Sinnbild deutscher Geschichte und
war einst Ort der Kaiserwahl und der Kaiserkrönung.
Zweimal wurde er zerstört und zweimal wieder aufgebaut.
1867 ist er in einem wilden, zügellosen Feuersturm abgebrannt
und 1944, beim Untergang von Frankfurt, erlitt er große
Wunden durch die Bomben und sein Inneres brannte lichterloh –
wie schon anno 1867.

Nach dem Krieg wurden die von den Nazis verschleppten
Glocken wieder entdeckt und auch der Star unter ihnen, die
„Gloriosa", durfte erneut feierlich in den Dom einziehen und

zusammen mit allen anderen Glocken der Innenstadtkirchen das einzigartige große Frankfurter Stadtgeläut anstimmen.

In den frühen neunziger Jahren fanden Archäologen in der kleinen Kapelle das Grab eines jungen adeligen Mädchens, das sie als eine merowingische Fürstentochter erkannten. Jahrtausendelang schlief das schöne Kind, reich geschmückt, in seiner kalten Gruft - ein Dornröschen seiner Zeit!

Der Wind steht still...

Schläfrige Stille im Park. Licht und Schatten hinter hohen
Bäumen. Gänseblümchenwiesen, Teichhühner und
Sonnenkringel unter grünem Blätterdach.
Ein Flirren in der Luft, die Hitze setzt sie alle matt, die
Entenfütterer und die Rentner, die Jogger und die jungen
Liebespärchen.
Schwitzen im Gras, das gelb geworden ist und unter dämmrigen
Büschen.
Rück ein Stück zur Seite, Angelika, damit ich nicht in die Sonne
blinzeln muss.

In der Stadt läuten die Glocken der Nikolaikirche die Mittagszeit
ein und die Touristen auf dem Römerberg wischen sich den
Schweiß von der Stirn.
Ein Mädchen hat sich seine Schuhe ausgezogen und läuft
barfuss weiter.
Heiß ist es, wohl 34 Grad und mehr auf dem Asphalt.
Frühmorgens schon ein hortensienblasser Himmel.
Im Reisebüro verkaufen sie die Karibik im Sonderangebot.
Palmen, Traumstrände und Sehnsüchte für wenig Geld. Daneben
Italien pur! Auf dem Canale Grande schwimmen Gondeln, wie
fremdartig aufgeputzte Vögel.

Der Frau am Kiosk kleben die Hände am Geldschein; eine
Kundin reicht ihr ein Erfrischungstuch. Solidarität an einem
heißen Tag.
Am Bahnhof ein paar Tauben nur. Der Taxifahrer in der zweiten
Reihe streicht sich eine feuchte Haarsträhne aus dem Gesicht.
In Sachsenhausen reißen sie wieder einmal die Straße auf. Einer
der dunkelhäutigen Männer schüttet sich eine Flasche Sprudel
über den Rücken und lacht, während die Wassertropfen wie

Perlen in der Sonne glitzern.

Unten am Main flöten Amseln in Stereo, übertönen den
lärmenden Autoverkehr.
Die Vagabundin mit den beiden schwarzen Hunden und ihrem
alten Freund mit den tausend Falten um die Augen hat sich –
wie das Mädchen vom Römerberg – Schuhe und Strümpfe
ausgezogen und sich zusammengerollt wie die Tiere zu ihren
Füßen.
Ein Schluck auf dich, Gretel, sagt der Mann und setzt die
Flasche an.

Windstille. Irgendwo heult ein Hund, weint ein Kind, hört man
aus einem geöffneten Fenster das leise Ticken einer Uhr.

Nicht enden wollende Tage in den Schrebergärten im Taunus.
Ein Schöppchen für Karl und eins für Maria.
Der Gartenzwerg fürs Gemüt, kühle Erfrischung durch den
Gartenschlauch.
Träume von Heckenrosen, Lilien und Rittersporn.
Abends Grillbratwürste und Kartoffelsalat und eine Lichterkette
aus roten und blauen Lämpchen.

Hinter der Mainzerlandstraße, neben Brachgelände, rostenden
Schrottautos und den Neubauten der genormten Langeweile,
weiden Schafe und Ziegen. Einmal wurden auch drei Kühe hier
gesehen.
Das schwarz-weiße Pony wohnt vielleicht schon fünfzehn Jahre
hier, und wenn es einmal nicht an der vertrauten Stelle grast,
dann ist da die Sorge, ob es noch lebt.

Ferienzeit. Reisezeit. Herr und Frau S. waren an der Ostsee,
Rügen und Usedom. „So voll wie früher in Rimini". Die
Freunde haben eine Ansichtskarte aus Apulien geschickt:

herrliches Wetter, ein tolles Meer!

Familie M. vergnügt sich am Wörthersee. Die Nachbarn von gegenüber bleiben dieses Jahr zu Hause – der neue Heizkessel hat die Urlaubskasse aufgefressen.

Im Supermarkt werden sie verramscht, die Blumen mit den samtigen Blüten. Fünf Stück für 1.60 Euro. Kaum einer wirft einen Blick auf sie. Dabei hat so mancher einst für die stolzen Schönen Kopf und Kragen riskiert, sie waghalsig über tiefem Abgrund aus der Erde gerissen und sie am Abend der Liebsten überreicht: Edelweiß, besungen und bedichtet, zwischen dicke Buchdeckel gepresst und getrocknet, ins Album geklebt und auf Souvenir-Krüge gemalt.
Fels, Stein und hohe Gipfel sind ihre Heimat.
Jetzt stehen sie hier zu Dutzenden aufgereiht in kleinen Plastiktöpfen neben den malträtierten Fleißigen Lieschen in Lila. Längst sind sie welk geworden.

Freunde

Augen, Lippen, Münder, Worte, die sich zögernd formen
Kleine braune Finger in großer weißer Hand
Blicke, Lächeln, Vertrauen und Verstehen
Du kommst aus Polen, und du aus Eritrea
Du aus der Ukraine und ich aus Köln, oder Hamburg,
Aus Frankfurt oder aus der Provinz
Wir kennen uns noch nicht, aber wir sitzen gemeinsam an
Einem Tisch
Wir reden und wir essen und wir trinken,
Wir schauen uns an und denken die gleichen
Gedanken in unseren fremden Köpfen.

Idylle

Die Grünflächen und kleinen Rasenteppiche zwischen den Häuserzeilen bewahren ein winziges Stück Natur in der Großstadt.

Hier erntete kürzlich eine Hausfrau, nur drei Autominuten von der viel befahrenen Kennedy-Allee entfernt, zwei Pfund zarte weiße Wiesenchampignons, rasch gepflückt zwischen Einkaufen und Wäscheaufhängen. Nachbarn und Freunde waren verblüfft. „Mitten in der Stadt frische Pilze?" fragten sie ungläubig.

Nachts tummeln sich kleine Hasen auf dem bisschen Grün um die Häuser herum. Zwar sind die Hasen Karnickel, und der muntere Nachwuchs kann irgendwann einmal zu einer Plage werden, aber trotzdem erfreuen sich Anwohner, späte Gäste und abendliche Spaziergänger an dem lustigen Treiben.

Verstohlen werfen ihnen Tierfreunde Mohrrüben und Äpfel hin, und wenn dann so ein Mümmelmann Männchen macht, ist das Entzücken groß.

Vor einigen Tagen tauchte gar zu später Stunde ein Igel auf, und alles lief herbei, um das Stacheltier zu besichtigen.

Für Großstadtmenschen ein unerhörtes Ereignis.

Nun steht jeden Abend ein Schälchen mit Milch zwischen den Mülltonnen und den Jasminsträuchern, und am Morgen ist dann die Schüssel leer.

(Anmerkung: Igel dürfen keine Milch bekommen. Katzenfutter und kleine Stückchen hart gekochter Eier ist das richtige Futter für sie!)

Der Ruhestörer

Da ist Asta, ein blonder Schäferhund.
Sein Besitzer hat ihn aus dem Tierheim geholt. Man fand den
armen Kerl angekettet an einem Baum im Wald, vielleicht
tagelang.
Nun soll er ein Reihenhaus bewachen. Er hat nie gelernt, seine
Freudenausbrüche unter Kontrolle zu halten. Wenn seine
„Freunde" (andere Vierbeiner, oder auch ihm wohl gesonnene
Menschen) vor seinen Augen vorbei spazieren, dann fängt er an
zu bellen. Es hört sich oft wie Wolfsgeheul an und stört einige
Nachbarn ungemein. Auch wenn das freudige Jaulen nur zwei
Sekunden dauert.
„Ruhestörung", rief neulich einer. Und dem Besitzer wird
drohend angeraten, seinem Hund das abzugewöhnen, „sonst
holen wir die Polizei!"

Alle Geräusche des Alltags werden geduldet und akzeptiert:
die Folter der schrecklichen Laubsauger, das Rasenmähen mit
Motor am Sonntagnachmittag, Heimwerkeln mit Stichsäge und
Bohrer, Flugzeuge, die über Dächer donnern, eine über Gebühr
klappernde Müllabfuhr, die ständigen Presslufthämmer der
Straßen- Aufreißer, die kreischenden Bremsen der Autos, der
Auspufflärm der Mopeds, alles – nur die Stimme eines Tieres,
die ist ein Fall für die Polizei!

Ohne Worte

„Ganz spontan" hatte eine Frau aus dem Hintertaunus neulich
das gehörlose Ehepaar aus Oberrad, das sie bei Freunden kennen
gelernt hatte, für eine Woche in ihr Haus am Waldrand
eingeladen, „damit die Beiden mal unverbrauchte Luft atmen
können. Und wegen ihrer Behinderung werden wir schon
irgendwie klar miteinander kommen."

Man verstand sich in der Tat auch ohne Worte; es waren schöne
Tage. Und doch gab es Schwierigkeiten auf beiden Seiten.
Diskussionen über Kultur und Politik erwiesen sich als zu
mühsam. Abstrakte Dinge, wie Gefühle, Träume, Ängste oder
Traurigkeit, konnten nicht begreiflich gemacht werden.
Und auch ihre Musik vermochte die begabte Pianistin ihren
Gästen nicht nahe zubringen.

Um künftig mehr in diese Welt des Schweigens und der Stille
eindringen zu können und gehörlosen Mitmenschen aus ihrer
Isolation zu helfen, will die Pianistin jetzt die Gebärdensprache
erlernen. Sie wird in zehn Wochenkursen an der
Volkshochschule angeboten. Zweimal in der Woche.

Die Frau aus dem Taunus hat sich mit ihrer neuen Aufgabe viel
vorgenommen.
Nicht nur die längere Anfahrt mit dem Auto jedes Mal, sondern
auch das ungewohnte und schwierige Erlernen einer Sprache,
die durch ihre Gesten und Gebärden exotischer sein mag als
chinesisch oder finnisch.
Man kann sie nur bewundern.

Mundschutz

In der Innenstadt hat man sich an vieles gewöhnt: An honorige Herren beispielsweise, die im Cafe ungeniert ihr Strickzeug auspacken.
An glatzköpfige Teenager mit Tiger –Tattoo und an feine Damen im Lumpenlook. An junge Männer mit grünen Haaren und an Jünglinge mit lila Locken.
An Rollschuhläufer in Kaufhäusern und an Punks und Popper in der S-Bahn, aus deren Ohrenschützern fetzige Rhythmen dröhnen.

Sie alle, bunte Paradiesvögel und Nonkonformisten gehören längst zum vertrauten Bild in unseren Straßen.

Und doch gibt es Zeitgenossen, denen es gelingt, selbst in Frankfurt noch aufzufallen.
Da spazierte dieser Tage eine Familie über die Zeil – und allesamt, Vater, Mutter, Sohn (an der Hand) und Baby (im Kinderwagen) trugen einen weißen Mundschutz nach Art der Chinesen und Japaner.
Hunderte von Augenpaaren folgten ihnen.

Waren das nun besonders hygienebewusste Leute, die sich vor Bazillen schützen? Die Angst vor einer Ansteckung der Schweinegrippe haben? Die niemanden ihren Schnupfen aufhängen wollen?
Oder war es eine vorfastnachtliche Verkleidung? Eine Wette? Ein Gag?

Wetten, dass so etwas schnell zu einer neuen Mode werden kann?

Kindheits-Alptraum

Die Kundin in der Apotheke verlangt eine Flasche Lebertran.
„Aber den reinen, medizinischen, zu 4.25 Euro"
Als sie die erschreckten Blicke der jungen Frau neben sich
gewahr wird, sagt sie lachend: „nein, ich will keine Kinder
damit quälen. Der wurde mir empfohlen, weil er gegen Rheuma
helfen soll."

Lebertran. Da waren sie plötzlich wieder da, die fast
entschwundenen Erinnerungen. Der unerbittliche, täglich
wiederkehrende, löffelweise Schrecken der Kindheit.
Das gelbe Zeugs, das so grauslich schmeckte und doch sooo
gesund sein sollte. So gesund, wie der giftgrüne Spinat
allwöchentlich und die kratzigen Leib -und Seel-Hosen nach
dem Bad am Samstagabend.

Und dennoch: Wollene Wäsche und der bittere Geschmack von
Lebertran und Spinat waren schnell vergessen, wenn es ans
Spielen ging: im Hof, wo noch keine Garagen den Weg
versperrten. Auf Strassen und Plätzen, die den Kindern
vorbehalten waren und nicht den Autos.
An den Ufern von Main und Nidda, die in jener Zeit noch
saubere Gewässer waren – mit Fischen, Fröschen und sonstigem
Wassergetier.
Und die waren damals für die Kinder der Beweis, dass ein
Lebewesen ohne Lebertran ganz gut auskommen kann.

Schachmatt

Was man in der S-Bahn so alles machen kann!
Tagträumen zwischen Griesheim und der Konstabler. Die
Gedanken auf die Reise schicken, die Phantasie Purzelbäume
schlagen lassen.
Aus dem Fenster schauen und sich ärgern. Aus dem Fenster
schauen und sich freuen.
Kreuzworträtsel lösen (ein asiatischer Strom mit drei
Buchstaben). Tief schlafen und dann die Haltestelle verpassen.
Heiteres Berufe raten bei den Fahrgästen veranstalten. Frühstück
auspacken und essen und trinken (die leere Limodose heimlich
unter den Sitz stellen). Hausaufgaben machen. Lateinische
Vokabeln lernen. Der Woll-Lust frönen und kniffelige Pullover
stricken. Sich in ein Buch vertiefen. Sich hinter der Zeitung
verschanzen, Skat dreschen, ausgiebig seine Brille putzen und
die Anzeigentafeln studieren („mit uns landen Sie immer in der
Stadtmitte!")

Oder, als letzte Variante, mit sich selber Schach spielen – wie
jener junge Mann kürzlich, dessen Züge im Zug von einem
Sitznachbarn misstrauisch verfolgt wurden. Bis er sich
schließlich einmischte: „Hätten sie vorhin den linken Springer
genommen – dann wären Sie schon längst schachmatt!"

Nebel

Novembernebel schwimmt auf dem Fluss
Rück' näher zu mir und steck deinen Kopf
In den Schatten meiner Seele
Sprich' nicht, ruh' deine Gedanken aus
In Erwartung darauf, dass sich der Nebel verzieht

Wer jetzt allein ist…

Das sind die grauen Tage, die nicht enden wollen, ein trübes Einerlei aus tief hängenden Wolken, schwarzer, schmutziger Nässe, manchmal peitscht ein Wind aus dem Nichts Graupelkörner in die Gesichter.

Wo ist sie nur, die Kinogemütlichkeit in Höchst? Warme, behagliche Stunden nachmittags im Cordsessel, Knisterpapier, Lachen, Fröhlichkeit, ein paar zerdrückte Tränen, schnell weg gewischt.
Wo sind sie, die Erinnerungen an Stars und Sternchen? „Vom Winde verweht", aber auch die Melancholie von Werner Herzog oder Wim Wenders?

Abgerissene Plakate, leere Fensterhöhlen, Parolen und Rambo-Atmosphäre, mehr ist nicht geblieben. Dafür Spielsalons und für einige Euro Flipperträume, ein schaler Geschmack bleibt auf der Zunge zurück und ein flüchtiger „Augen"-Blick von jenen, die da rumhängen.

Bleierner Himmel über der Farbenstadt. Wie Schiefer. Oder wie grauer Stein an Meeresbuchten.
Hunde haben gestrickte Mäntelchen an, alte Frauen frieren, Spaziergängerinnen tragen heute gottlob nicht mehr die Felle von Nerzen, Füchsen und Kaninchen spazieren, eine einsame Wanderin mit einem Bernhardiner, groß wie ein Pony, unter der Brücke zur Nidda.

Jetzt ist sie die Hochsaison für die Schönheitssalons und Kosmetikstudios, für Sonnenduschen und Bräunungsbänke. „Bei uns für wenig Geld Hawaii-Look" steht auf einem Schild geschrieben, und mit der Zehnerkarte wird's noch billiger.

Das Mädchen im Bus liest Rilke-Gedichte. Halblaut liest sie die Verse ihrer Freundin vor und die Worte bleiben in der Luft hängen:"......wer jetzt kein Haus hat, baut sich keines mehr wer jetzt allein ist, wird es lange bleiben, wird wachen, lesen, lange Briefe schreiben und wird in den Alleen hin und her unruhig wandern, wenn die Blätter treiben."

Die Alleen sind nicht mehr. Früher wölbten sie sich grün über der Mainzer Landstrasse. Doch jetzt tost dort die Autobahn, nackt und kahl blutet sie aus vielen Wunden. Aufgerissen, noch nicht vernäht und vernarbt, liegen die Verletzungen bloß.
Man nennt das „Baustellen."
Auch eine „Parkstadt" wurde den Bürgern in Nied versprochen.
Doch wer vermag diese Tristesse aus Stein, diese Betongeschwüre und Bettenburgen mit einer grünen Parklandschaft in Verbindung zu bringen!

Gedanken, Gefühle, subjektive Empfindungen an einem trüben Tag.
Die Menschen winters – so scheint es – haben ihr Lächeln weggesteckt, zugeknöpft unter dem Mantelkragen.
Nur die Kinder lärmen vergnügt wie immer, freuen sich am schäbigen Sand auf dem Spielplatz in der Siedlungsanlage.
Am Kiosk weiter vorn reden die Männer über Gott und die Welt, traurige Gestalten, die nach abgestandenem Bier riechen und nach kalten Zigaretten.
„Bernd, ich liebe dich, trotz deiner eisigen Augen" ist irgendwo an eine Wand gekritzelt.
Vielleicht bricht ja ein warmer Frühling bald das Eis, lässt Blumen blühen und macht, dass auch Bernds „eisige" Augen ganz rasch schmelzen.

Körnerpicker

Ein bisschen Markusplatz rund um die Hauptwache.
Am Anfang nur ein paar Abgeordnete, die den Leuten zwischen
den Beinen rumspazieren. Später am Morgen dann die erste
große Fraktionssitzung der Partei der Graugefiederten, zu der
alle pünktlich erscheinen
Verfemte, verjagte, bekämpfte, besungene, vergiftete, heimlich
gefütterte Großstadttauben.
Fußzahme Wilde, die sich durchs Leben picken. Schrecken aller
Denkmalschützer und doch Symbol des Friedens! Lautlos
schwirren sie hoch, wenn Kinder sie mit dem Fuß verscheuchen.

Die verfressenen Vögel sind Stammgäste überall dort, wo es
was zu schlucken gibt.
Am Pommesbüdchen auf der Zeil, am Stehimbiss im
Hauptbahnhof, bei den Taxikutschern vom Rossmarkt und bei
den alten Leuten auf den Bänken hinter der Katharinenkirche.

Eine Abordnung der mutigsten Kumpels marschiert ohne Scheu
selbst in Metzger -und Bäckerläden. Die schwarzen
Plastikraben vor der Tür, die zu ihrer Abschreckung dienen,
haben sie längst als harmlose „Freunde" erkannt und akzeptiert.

Die krisensicherste Quelle für eine Gratis-Mahlzeit freilich
haben sie auf dem Römerberg entdeckt. Wenn es für die
Brautpaare dort Reis vom Himmel regnet, dann fällt eine weiß
grau -gestreifte Wolke ein, und kein noch so winziges Korn
bleibt übrig.
Die Tauben vom Frankfurter Römerberg sind inzwischen schon
so berühmt wie der Äppelwein-Express und das Goethe-Haus,
und beim Anblick der vielen japanischen Kameras sieht es
manchmal fast aus, als seien sie vom Verkehrsamt der Stadt

eigens als Attraktion für Touristen engagiert worden.

Kleinkariert

Wie grünt's so grün, wie blüht's so bunt in diesem Mode-Sommer!

Da schwelgen auch reifere Damen in wahren Blumenorgien. Ob Mini - oder Maxi-Rock, Schlabberlook und Ausgehkleid, überall wachsen Rosen, Tulpen, Nelken in Pfefferminzgrün, Lavendelblau und Bonbonrosa.

Manche der weiblichen Zeitgenossinnen sind auf dem Südsee-Trip, andere tragen die gesamte Bundesgartenschau spazieren. Blütenträume auf Jeans und Shorts, Palmenwedel auf Blusen und Bikinis!

Und wie steht der Mann in bestem Alter da?

Kleinkariert! Karo, Karo über alles. „Klassisch" und „dezent" zumeist und von gähnender Langeweile. Mustermix aus kleinen grauen, grünen und beigen Quadraten.

Karo für die Karriere. Karo für die Freizeit. Sportiv gestylt für den Herrn von Welt!

Zwingt Brust raus und Bauch rein.

Wer modisch besonders „in" sein will, trägt dazu die einst verpönten weißen Socken und einen Hauch von Stress im Gesicht.

Und der Avantgardist bevorzugt Hosen und die sind, na wie denn? Kleinkariert!

Tausendmal berührt....

Sie stand jahrelang mitten im „Bauch" der Stadt und arbeitete wie ein Roboter.
Immer die gleichen Handgriffe, stundenlang, achthundert bis tausendmal an einem Arbeitstag.

Die Leute schauten ihr auf die Finger, doch kaum einer blickte ihr ins Gesicht, wo Augen ausdruckslos ins Leere starrten.
Sie war die Crepes-Bäckerin unter der Hauptwache.
Ein Klacks Teig auf die runde Scheibe, mit der Spachtel glatt streichen, mit dem Messer abheben, vorsichtig auf die andere Seite gleiten lassen, mit Süßem oder Salzigem füllen, zusammenfalten wie einen Briefumschlag, fertig!

Der Frau im Trenchcoat reichen, oder dem Mann im Streifenanzug, oder dem Kind, dem Punker, der alten Dame, dem Teenager.
Achthundert mal am Tag; im Winter wenn's kalt war, mehr als tausendmal.
Geld kassieren, Wünsche hören, mit Nougatcreme bitte, mit Mandeläpfeln oder mit Käse, oder einem Spritzer Cointreau.

Nachher leckten sich die Kunden den letzten Zuckerkrümel von den Lippen und verdrückten sich.
Andere kamen, die Schlange wollte niemals enden.
Sie stand da und machte Pfannkuchen.
Nachts, sagte sie, träumt sie davon

Alltagsartisten

Im Zirkus werden sie bestaunt, die mutigen Trapezkünstler und furchtlosen Kuppelkletterer, die Seiltänzer ohne Netz und doppelten Boden, die Akrobaten und Athleten und die fliegenden Menschen.

Bewunderung verdienen aber auch die Alltagsartisten mitten unter uns. Die waghalsigen Männer, die an den Strommasten hoch oben im Himmel neue Drähte einziehen, die Fensterputzer von Hochhausfassaden mit fünfundzwanzig Stockwerken und mehr.
Die Schornsteinfeger, die auf Turm und Dach herumturnen, oder in hohe Kamine einsteigen. Die Kranführer in schwindelnder Höhe, die von den Kabinen aus ihre stählernen Kolosse dirigieren.
Oder auch die Maurer, die auf schwankenden Bohlen zwischen Himmel und Erde balancieren, wenn sie gigantische Wohnburgen bauen.
Und die Müllmänner schließlich, die auf Trittbrettern außen am Fahrzeug stehend, durch die Gegend brausen.

Nur die tollkühnen Hausfrauen, die für frühlingsfrische Fensterscheiben Kopf und Kragen riskieren, die kann man beim besten Willen nicht bewundern.

Bohrende Fragen

Es gibt Fragen, auf die möchte man gerne eine Antwort haben, kriegt aber keine.
Alltagsdinge, die einfach neugierig machen.
Wem, beispielsweise, gehörten die beiden sturmerprobten, solide genähten Schuhe, die tagelang mitten auf der Zeil standen und zu tiefsinnigen, ja philosophischen Betrachtungen wissbegieriger Passanten Anlass gaben? Welcher Mensch ist wohl damit durchs Leben marschiert und warum hat er sich jetzt von ihnen getrennt? Sie waren ja noch fest im Leder und gut in Schuss.
Vielleicht hat irgendwen irgendwo dieser Schuh gedrückt und er kann nun befreit, auf leichteren Sohlen, durchs Erdendasein wandern.

Eine andere Frage: Was mag das für ein Buch neulich in der U-Bahn gewesen sein, das seine Leserin zuerst zu einem ständigen Kichern animierte, welches dann in ein lautes, prustendes Gelächter einmündete? Zu gern hätte man den Titel erfahren. Doch die junge Dame hielt den dicken Wälzer geschickt versteckt in ihrem Schoß und dann war auch schon die Haltestelle da. Man hätte auch kaum den Mut aufgebracht, sie anzusprechen.

Noch eine letzte Frage, die manchen schon längere Zeit beschäftigt. Was schleppen die vielen männlichen Zeitgenossen – vornehmlich im Westend – täglich in ihren gewichtigen schwarzen Aktenköfferchen mit sich herum?
Geheimpapiere? Dokumente? Bündel von Geldscheinen? Oder vielleicht nur die Zeitung und das Frühstücksbrot, fein säuberlich in einer grünen Frischhaltebox verpackt?

Begegnungen

In einer Stadt wie Frankfurt gibt es mitunter merkwürdige
Begegnungen mit Einzelgängern, Aussteigern und Absteigern.

Da zog eine junge Frau schon seit Monaten mit ihrer gesamten
Habe – säuberlich und akkurat in Koffern und Kartons verpackt
und in einem Einkaufswägelchen aufgeschichtet – durch die
Straßen Frankfurts und erzählte wirre Geschichten.
Wo sie ging und stand, ließ sie Gefühle zurück: Aggressive,
positive, mitleidige, zornige.
Die Passanten diskutierten, ereiferten sich und die Frau zog
weiter.

Da fütterte ein anderer vor der Kleinmarkthalle die Tauben.
Einer mit grauem Gesicht und rotweinfleckigem Mantel. Wenn
man mit ihm ins Gespräch kam, erfuhr man, dass er studierter
Biologe war, einst ehrgeiziger Forscher und Weltverbesserer,
der wohl an seinem eigenen Ideenüberschuss zugrunde gehen
drohte. Denn seine Hände zitterten, und seine Augen flackerten.

Schließlich stand man irgendwann mal am Eingang zum
Sachsenhäuser Schifferbunker vor einem edlen Pferd, das einst
den Treck von Ostpreußen mitgemacht hat. Sein Besitzer wollte
sich nie wieder von ihm trennen und ließ den treuen Vierbeiner
präparieren.
Als der gute Mann starb, wussten die Angehörigen mit dem
Ross im Wohnzimmer wenig anzufangen.
So landete es im Flohmarkt und schaute dort melancholisch in
weite Fernen….

Nied

In der Luthmerstraße spielen kleine Türkenmädchen irgendwelche Spiele, die man nicht kennt. Sie gehen langsam und mit ernstem Gesicht aufeinander zu, reichen sich die Hände und drehen sich blitzschnell im Kreis. Dann schütteln sie sich vor Lachen und beginnen von vorne.
Sie haben rosafarbene und gelbe Blusen an und lange Röcke, und sie tragen Papierblumen im Haar.

In der Spielmannstraße wohnt Freundin Helga. Zahlreiche wunderschöne Kinderbücher hat sie illustriert mit feinem Stift, hat Buben und Bären, Katzen und Krähen gezeichnet und hat sich Rückenschmerzen geholt vom langen Sitzen am Arbeitsplatz.

Nied an einem Montag. Alltag in einem alten Frankfurter Stadtteil, der erst vor einigen Jahren zum Leben erweckt worden ist: mit ausländischen und deutschen „Tante Emma"-Läden, die Farbe in das Grau der Häuserreihen bringen.
Mit Straßenfesten und Kneipen, mit Kunstausstellungen und mit Aktionen und Aktivitäten der beiden Kirchengemeinden.

Im Niedwald sind die Buschwindröschen schon verblüht, im kleinen Tümpel schreien sich die Frösche heiser und am Anglerteich hocken Männer auf kleinen Schemeln und starren ins Wasser.

In den Gärten wuchert es weiß und gelb und violett. Nahe den Niedwiesen weiden kleine Pferde und verrotten bunt lackierte Autowracks.

In der Wartehalle der S-Bahn sind schwarze Nazi-Parolen an die

Wände gekritzelt. Ein paar Schritte entfernt steht die alte „Villa", von Efeuranken umhüllt. Schon immer hat sie die Phantasie der Kinder in Nied beschäftigt.

Schräg fallen die Sonnenstrahlen auf dem Friedhof über Stein und Moos. Die Frau, die ihre Gießkanne füllt, scheucht die Amseln auf.
Der große Kerbeplatz unter der Niddabrücke ist jetzt verlassen und leer. Wenn die Buden und Karussells hier stehen, dann spielt, dröhnt und dudelt es an allen vier Ecken und die Nidda-Enten nehmen schleunigst Reißaus.

Alt-Nied. Die verslumten Hinterhöfe wurden saniert – ein Versuch, aus dem Gesicht dieser Straße den verhärmten Ausdruck herauszuwischen.
Gibt es die „kleine Freiheit" noch? Die beiden Motorradgeschäfte, wo sich die Ledermänner in ihren schweren Maschinen, die Easy-Rider aus Zeilsheim und Sossenheim, trafen?

Die Mainzer Landstraße. Tristesse in Beton, wo einst Bürgerhäuser standen, wo es einen nussbaumschattigen Wirtshausgarten gab, mit Rippchen und Kraut und Feuerschluckern als Attraktion an warmen Sommerabenden.

Auf der Wörthspitze wachsen die Pappeln in den Himmel. Vor fünfzig Jahren sind dort einmal zwei Nieder Mädchen vom Blitz erschlagen worden, als sie unter den Bäumen Schutz suchten. Jetzt gehen Mütter mit ihren Kindern hier spazieren, ein Mann mit einem Hund sitzt auf der Bank und liest in der Zeitung.

Auf dem Spielplatz weint ein kleines Mädchen. Es hat Rollschuhe an und eine blutige Schramme am Bein.

Ein paar Buben klettern auf Sandsteinblöcken herum. Es sind die Überreste des monströsen Kriegerdenkmals, das hier einst stand. Das ehemalige „Ehrenmal" von 1936, zeigte die heroische Heldenfigur eines knienden nackten Soldaten mit Helm und mit Schwert in Bronze, angefertigt von einem Professor, der Richard Scheibe hieß und der auch in der Nachkriegszeit noch an vielen öffentlichen Bauten tätig war und mehrere Auszeichnungen erhielt.

Als man den Krieg nicht mehr verherrlicht hat und keine Helden mehr wollte, wurde der nackte Mann in Bronze abgebaut. Die Tafel mit den Namen von 600 Toten kam auf den Höchster Friedhof.

Früher gab es auf der Nieder Seite Schrebergärten direkt am Fluss. Bei Hochwasser waren sie oft überflutet und die braune Brühe stand den Obstbäumen bis an den Hals.

Heute sind aus den Gärten Spazierwege geworden, mit dem Blick nach drüben, ans Schwanheimer Ufer, wo weiße Motorboote auf einem trüb schillernden Main in der Sonne glänzen.

Eine Vision?

Ein Wochenmarkt mit südlichem Flair mitten in der Stadt, um den Dom gruppiert.
Blumen in Kübeln und Eimern, Gemüse zum Anfassen, Obst zum Probieren. Kinderlachen, Hundegebell, Glockengeläut zur Mittagsstunde, Pflastermaler, Gaukler, Straßenmusikanten und junge Väter, die ihren Sprösslingen die Flasche geben, während die Mütter vor haus gemachtem Sauerkraut und Eiern von „glücklichen Hühnern" Schlange stehen.

Alle kommen sie auf ihre Kosten: Bio-Fans und Öko-Freaks, Blumenfreunde und Balkongärtner, Köche und Kräutertanten, Pensionäre und rundliche italienische Mamas, die unter Bergen von Zucchini untertauchen.

Hausfrauen reden miteinander, tauschen Erfahrungen aus und Rezepte und schwätzen sich auch schon mal fest vor dem Stand der rotbäckigen Bäuerin mit den Radieschen aus dem eigenen Garten.
Für die älteren Mitbürger, für die Fußmüden, die Zaungäste und stillen Beobachter stehen überall Stühle zum Ausruhen bereit, sind Tische da, wo Taschen und Tüten eine Weile abgestellt werden können.

Ist dieser Markt eine Vision? Aus der Phantasie eines realitätsfremden Träumers entsprungen? Mitnichten.
Es gibt sie wirklich, die Stätte voller Leben und Urbanität: In Mainz, eine halbe S-Bahn-Stunde nur entfernt, aber dennoch meilenweit weg von Frankfurts traurigen Mini-Plätzen, fernab von jener neuen Zeil mit ihrer genormten Langeweile und den preußisch ausgerichteten Bäumchen.

Käfige

In Käfigen sitzen, gefangen wie Raubtiere
Käfige aus Luxus, Lack und Chrom
Blank polierte, seelenlose Roboter des Fortschritts
Viele tausende von Käfigen auf den Strassen
Und drinnen die gefangenen Raubtiere,
Die zum Sprung ansetzen und
Bereit sind zum Töten, Verletzen und Zerstören,
Glauben an die große Freiheit.

Fahren ohne anzuhalten
Die Seele verkleiden
Und das Gesicht unkenntlich machen

Fahren ohne anzukommen
Im luftleeren Raum gegen den Wind ankämpfen
Das Ende zum Anfang werden lassen.

Hast du die Bäume gezählt, früher, als sie lebten?
Sie schrieen, als man ihnen den Wald wegnahm
Als sie zerstückelt wurden,
Sich knirschend Zähne in den Körper fraßen
Hast du ihr Schreien gehört als du später
Auf steinernen Trassen vorüber fuhrst
In Käfigen sitzend, gefangen wie Raubtiere,
Käfige aus Luxus, Lack und aus Chrom,
Blank polierte, seelenlose Roboter des Fortschritts
Es werden immer mehr
Heißa, der Tod fährt mit im Cabrio
Und keiner vermag ihn aufzuhalten!

Otto ohne

Er steht da noch immer- der Kanzler – eisern, unbeweglich und ein bisschen ratlos.
Musste er sich doch gefallen lassen, dass ihm böse Buben schon vor langer Zeit den gewaltigen Säbel aus der Hand nahmen und am verbliebenen Griff – Gipfel der Respektlosigkeit – einen alten Regenschirm befestigten.

Der wiederum wurde amtlicher weise ganz schnell entfernt. Doch das Schwert, Symbol der Macht und Sinnbild der strafenden Gerechtigkeit blieb bis heute verschwunden.

Ein Kind aus der Nachbarschaft hatte damals den Diebstahl zuerst wahrgenommen. „Dem Bismarck in der Bolongarostraße haben sie das Schwert geklaut", berichtete es munter.
Dann bemerkten immer mehr Bürger die Entwaffnung des großen Preußen, der, in markiger Pose in Eisen gegossen, seit1899 als einziges Standbild weit und breit an der Brüningsanlage in Frankfurt -Höchst zu besichtigen ist.

In der  Nachkriegszeit
war der ehemalige Reichskanzler
übrigens schon einmal seines
Säbels beraubt worden. Nicht
etwa ein Rüstungsgegner,
sondern ein Souvenir-Sammler
aus den USA hatte Gefallen dran
gefunden.

Eigentlich, wenn man's so richtig bedenkt, sieht der Otto „ohne" und abgerüstet sogar viel friedlicher aus. Ein wohlbeleibter älterer Herr, mit mächtigem Schnauzbart und wachem Blick.

Eisblumen am Fenster und watteweiche Herrlichkeit

Der Schnee, der Frost und das Hochwasser haben Höchst
verändert, haben neue Eindrücke, neue Blickpunkte, neue Bilder
hervorgebracht.

Frühmorgens, eine fahle Sonne hinter Schneewolken. Um 9 Uhr
zeigt das Thermometer an der Apotheke minus 8 Grad. „Zieh
die Mütze tiefer ins Gesicht, Lisa, und mach' dir ein paar warme
Gedanken"!
In der Altstadt knirscht dünner Schnee unter den Füßen, am
Ende der Kronengasse hat der Winter Eisblumen an die
Scheiben gemalt.
Um 11 Uhr ist kein Taxi mehr zu kriegen. Die Fahrgäste an der
Bushaltestelle bibbern, der Herr mit der Aktentasche zittert, die
alte Frau fröstelt verstohlen und der Wachsoldat an der Kaserne
friert und marschiert!

In der City verwandelt sich der Schnee unter den Autorädern
und Stiefeln in grauen Matsch, die Parks und Anlagen
verzaubert er in ein Wintermärchen.
Um die Mittagszeit herum scheint die Sonne, Wind kommt auf,
fetzt die Wolken auseinander, holt ein bisschen Himmelsblau
hervor.

Am Dalbergplatz bewerfen sich die Schulbuben mit
Schneebällen. Einer der Buben fliegt in hohem Bogen in die
watteweiche Herrlichkeit.
Die beiden Möpse vom Blumenkiosk am Bahnhof tapsen durch
das ungewohnte Nass und ziehen die Nase kraus, und die
Tauben nebenan picken ein paar Schneeflocken auf und denken
es sind Brotkrumen.

Ein junges Mädchen bleibt lachend vor der Litfasssäule stehen. Dort haben sie einem bekannten Politiker auf dem Wahlplakat eine Zipfelmütze übers Ohr gezogen und dem anderen einen Schnurrbart verpasst.

Der Schlossgarten liegt am frühen Morgen wie erstarrt. Wege und Bänke sind dicht verschneit, Sträucher und Bäume tragen eine pelzig weiße Krawatte.
Das Schloss als Kulisse und die bunten Fachwerkhäuser davor – wie auf einem alten Gemälde.

Am Eingang zum Stadtpark steht ein Schneemann auf wackeligen Beinen. Irgendjemand hat ihm einen roten Schal umgehängt. Mädchen und Buben tollen um ihn herum, einer schlägt sogar einen Purzelbaum.
Durch den Park führt eine Skispur, aber der Skiläufer ist nicht zu entdecken.
Enten und Gänse bekommen kalte Füße, stehen unschlüssig in der frostig weißen Pracht. Rund um ihre Futterstelle sind die krakeligen Fußspuren von zahlreichen Vögeln zu sehen, die Konkurrenz hält bei der Mahlzeit kräftig mit.

Im Bolongarogarten huschen aufgeplusterte Amseln unter Büsche, haben die Türkenmusikanten weiße Mützen aufgesetzt, und der Wassermann trägt ein Kleid aus Schnee.
Auf der Wörthspitze joggen zwei Leute und blasen Atemschwaden in die Luft. „Tierisch kalt heute", rufen sie einander zu, als sie sich begegnen. Langsam prickeln Hände und Füße stärker, die Kälte beißt zu, tut weh.

Unten schießt der Main mit lehmigbraunen Fluten vorbei.
Hochwasser! Für Käpt'n Albrecht und sein Hausboot heißt es: „Land unter!"

Bei der Autofirma zwischen Nidda und Main sind Polizei und Feuerwehr im Einsatz. Lehrlinge schleppen Sandsäcke, erreichten Barrikaden gegen die Flut.
Vor dem Hotelschiff liegen die Laternen im Wasser. Ein Mann nagelt einen Zettel an einen Baum: „Die Veranstaltung „Sonnenschein im Alter" findet heute im Höchster Hof statt!"

Für die vielen Spaziergänger mit den Fotoapparaten ist es ein ganz neues Gefühl, Enten auf den Promenadenwegen schwimmen zu sehen. Familienväter, junge Mütter mit Kinderwagen, Rentner, alle strömen sie herbei, um den übergelaufenen Fluss zu bestaunen.

Um die Mittagszeit blitzt noch einmal die Sonne auf, zeichnet Schatten auf das Gesicht des kleinen namenlosen Heiligen in der Mauernische.
Hinter der Alten Zollwache ist dann der Weg plötzlich zu Ende. Main, wohin man auch schaut. Beängstigend nah gurgeln, gluckern, schäumen und rauschen die Hochwasserfluten. Zeit zur Umkehr.

Lieber noch einen Gang über den verschneiten Höchster Markt, wo die einkaufenden Hausfrauen heute ein Lächeln tragen, die Marktfrauen öfters als sonst einen heißen Schluck aus der Thermoskanne nehmen und eine geballte Ladung an Vitaminen anbieten: Ungespritzte Äpfel aus dem eigenen Anbau in Kriftel, gesprenkelte Kohlköpfe, goldene und blaue Trauben, Nüsse, Kastanien und selbst gezogene Kräuter aus Blecheimern.
In der Markthalle eine Portion Orient und eine Prise Provence.
„Madame, nehmen Sie Knoblauch mit nach Hause! Der französische, rosafarbene ist der beste und soo mild. Und gut für die Gesundheit!" Und nebenan die Eier, sie stammen nicht aus Legebatterien, sondern von glücklichem Federvieh – aus dem Hühnerkollektiv in Sossenheim.

Auch der Krankenhausgarten an der Gotenstraße ist festlich weiß herausgeputzt. Funkelnder Schnee und glitzernder Raureif hängen in kahlen Kastanienbäumen. Hinten, in der Kinderstation, beobachten die kleinen Patienten die Amseln und Spatzen an der Futterstelle vor ihrem Fenster.

Vom oberen Stockwerk geht der Blick auf ein geschlossenes Gitterwerk in Weiß und Schwarz aus Dächern, Plätzen, Grünflächen.

Die Quadrate der Kleingärten und Rasenflecken sehen aus, als hätte die Grandma Moses sie persönlich auf eine Leinwand gepinselt.

Die Fahne

Fahnen sind zumeist Symbole. Fragwürdige oft, wenn sie von falschen Patrioten voran getragen werden.
Bedeutend harmlosere, wenn es sich um Vereinsfahnen handelt.
Oder um Papierfähnchen, die Schulkinder schwenken.
Oder um Alkoholfahnen, über die man aber besser schweigen sollte.

Eine Fahne ist plötzlich verschwunden und die hatte starken Symbolcharakter.
Über Jahrzehnte hinweg stand sie hoch in den Lüften, ob's stürmte oder schneite.
Es war die gelbe Fahne der Farbwerke Hoechst. Je nach Blickpunkt und politischem Standpunkt war sie sozusagen Aushängeschild eines Konzerns, dem auch Umweltschädigung und Flussverschmutzung vorgeworfen wurde.
Für die aber, die dort ihre Brötchen verdienten, war sie eher gern gesehen – getreu dem Spruch: „solange noch der Schornstein raucht…"
Peter von Zahn hatte einst unter diesem Motto einen viel beachteten Fernsehfilm gedreht und Umweltgruppen und Bürgerinitiativen hatten sich jahrelang wegen ihr die Köpfe heiß geredet.

Nun ist sie weg. Von einem Tag auf den anderen.
Die ockerbraunen Schwaden sind spurlos von der Skyline verschwunden. Die Salpeterfabrik, aus der sie hochstieg, ist als Teil des Stickstoffbetriebs und der Düngemittelproduktion stillgelegt worden.
Die Umweltschützer freuen sich, doch so mancher alte „Rotfabriker" blickt in diesen Tagen eher skeptisch dorthin, wo sich keine gelbe Fahne mehr im Wind kräuselt.…

Open Air

Es sind die Tage, die voll von sommerlichen Musikgenüssen
sind: „Summertime" überall!
Klänge zum Frühschoppen, Rock auf dem Rasen, Lieder im
Park, Jazz in der Altstadt und Blasmusik bei den Volksfesten.

Kostenlose Konzertfreuden aber bieten in diesen Wochen auch
unsere gefiederten Freunde in Gärten und städtischen Anlagen,
auf Feldern, in Wäldern oder auch mitten im Verkehrsgewühl
der City.

Da trillert die Singdrossel ein melodisches Lied mit fünf
Strophen, da jubiliert die Amsel auf der höchsten Spitze der
Fernsehantenne, da schlägt der Fink frühmorgens und da flötet –
wenn auch nicht gerade an der Hauptwache – die Nachtigall
spätabends.
Wir sollten uns ruhig öfters mal Zeit nehmen und den kleinen
Sängern lauschen – solange es sie noch gibt.

Zu einem Erlebnis der besonderen Art aber werden für
Frühaufsteher Vogelstimmenwanderungen, zu denen der Bund
für Umwelt und Naturschutz in vielen Gemeinden einlädt.
Hänflinge und Stieglitze, Heckenbraunellen und Rotkehlchen,
Goldhähnchen, Zaunkönige und Lerchen um sechs Uhr in der
Früh' im großen, gemeinsamen Freiluftorchester musizieren zu
hören – und später mit Gleichgesinnten durch taufrische Wiesen
zu laufen, zählt unbedingt zu den Glücksmomenten eines
Sommers.

Die Rentner-Bank

Morgens, mittags, abends, der Regen.
Der Main ein Meer aus Schiefer.
Mitten im Sommer ist der Herbst ausgebrochen.
Poseidon im Brunnen sprüht Nebelschleier und spuckt seine
Fontänen in düstere Regenwolken hinein.

Unter dem Blätterdach des Lindenbaums hockt trübsinnig eine
regenasse Amsel. Ihr Gefieder ist schwarz lackiert. Auf dem
Kopf des kleinen Amors lässt sich eine Wildtaube nass regnen
und der Sphinx hängt schon eine Spinnwebe vom
Altweibersommer quer über der lädierten Nase.
Die beiden Löwenhunde vor dem schmiedeeisernen Portal
gucken hochmütig wie eh und je – auch als die Braut im rosa
Kleid und mit gelbem Blumenstrauß die Treppen runter geht
und ein feierliches Gesicht macht.
Mittwochs und freitags wird hier geheiratet, in einem
Standesamt, das zu den schönsten in Deutschland zählt,
versteckt in einem romantischen Park liegt, um den sich eine
efeuumwucherte Sandsteinbalustrade zieht.

In der anderen Ecke des Gartens die „Rentner-Bank". Selbst
beim Regen kommen sie hier zusammen, die Höchster
Pensionäre: der Kessler Hans und der Dörrhöfer Gerd. Der Paul
Burkhardt und der „Eintracht"-Willi. Um die siebzig sind sie
alle, die sich hier tagtäglich an der Freiluft-Schachanlage
vergnügen und ihren Geist trainieren.

Einer kam bis vor kurzem aus Griesheim, der war sogar 94.
Früher war auch der Schneidermeister Schramm dabei, der in
der ganzen Welt herumgekommen war und die anderen mit
seinen erlebten Geschichten unterhielt: Zum Beispiel vom

großen Tempelfest in Bali berichtete, wo sich der schmale Mann zwischen den hageren buddhistischen Mönchen einschmuggelte und keiner etwas merkte, weil er den Lotussitz so vollendet beherrschte (Kunststück, wo er doch Schneider war!)
Oder als er in Sumatra tief im Urwald die Bataks besuchte, einen wilden, zurückgezogen lebenden Eingeborenenstamm, von dem er so nebenbei erfuhr, dass sie vor Jahren noch Kannibalen waren.
Ja, der Heinrich Schramm aus der Hilligengasse konnte erzählen!
Dann ist er plötzlich auf einer großen Asienreise gestorben. Morgens fand man ihn in seinem Hotelbett, und seine Freunde von der Rentner-Bank erinnerten sich gern an den liebenswerten, stets freundlich lächelnden Globetrotter.

Heute ist der „Paul" der Oberschachmeister im Bolongarogarten. Er führt gerade ein „Seekadetten"-Matt – was immer das auch bedeuten mag – einem beeindruckten Publikum vor, und die anderen auf der Zuschauertribüne, die geben Kommentare dazu und gute Ratschläge, lachen und lästern und schwätzen ebenso gern miteinander wie ihre Frauen, die sich an schönen Tagen weiter vorne auf der Mauer, wo Weinlaub in Feuerfarben glüht, lange Geschichten erzählen, die Sonne warm in Gesicht und den Schiffen auf dem Main zuschauen.

Später geht man auch schon mal zum Dämmerschoppen in die „Vier Jahreszeiten", und dann schwingt sich der Wilhelm Ossa auf sein Fahrrad und strampelt nach Nied zurück, in die Birminghamstraße, wo er im Seniorenheim wohnt.

Auf dem Main baggert gerade die „Donar" die Fahrrinne aus. Das wuchtige Baggerschiff sieht aus wie ein Mississippi-Raddampfer, es stampft und dröhnt, und die paar Spaziergänger bleiben stehen und beobachten fasziniert, wie das lehmbraune

Wasser aufgewirbelt wird und das stählerne Maul sich in den Grund hinein frisst und voll mit Steinen aus der Tiefe wieder auftaucht.

Manchmal blieben schon skurrile Fundstücke in dem Maul des Giganten hängen: geklaute neue Fahrräder und verrostete alte, ein Kinderwagen mit drei Rädern, marode Autoreifen und einmal sogar eine Bombe, die ganz vorsichtig abtransportiert worden ist.

Nebenan der Fährmann wartet auf Kundschaft. Es ist ruhig zurzeit. Kein Wetter für Ausflügler nach Schwanheim oder für die Kinder zum Ponyreiten am anderen Ufer.

Um die Mittagszeit hat der Wind die Wolken zerstückelt und den Regen fort getragen. Der Main glitzert einen Augenblick lang unter drei, vier schräg einfallenden Sonnenstrahlen. Nun wird aus dem Schiefer fließendes Blei.
Eine Katze sonnt sich neben einem Strauch mit roten Hagebutten. Im rissigen Mauerwerk wohnen die wilden Tauben.

In den gelben Blumenbüschen auf dem Promenadenweg steht verlassen ein Einkaufswagen. Ein größerer Bub setzt einen kleineren Buben rein und fängt mit dem Wagen an zu rennen. Bis dieser umkippt und der Kleine auf dem Boden liegt und jämmerlich schreit.
Da kommt eine gemütliche dicke Italiener-Mama mit ihrer Kinderschar, sieht das Missgeschick, wischt dem fremden Kind die Tränen ab und drückt es fest an ihren gewaltigen Busen.

Fremd

Ankommen. Den Fuß auf fremde Erde setzen.
Sich umschauen
Den Hut tiefer ins Gesicht stülpen.
Sich blind und taub stellen
Nach der vertrauten Hand tasten
Langsam, wie aus einer Ohnmacht erwachen
Eine Melodie summen, die zum Lied wird
Eine warme Sonne auf der Haut verspüren
Und Behagen dabei empfinden
An Häusern vorbei fahren, die bewusst machen
Wie schön die fremde Stadt ist
Lachende Kinder und Polizisten,
Die schweigen können
Essen und Trinken, wie einst,
Als die Götter noch unter uns waren
Den Rotwein dieses Landes auf der Zunge
Zergehen lassen
Vertraute Gesichter anschauen von Menschen,
Denen man nie zuvor begegnet ist.

Nur ein Pony

Zehn Jahre lang konnte man das Pony tagtäglich sehen.
Morgens, abends, sommers wie winters.
Es stand ruhig auf einem Fleck, inmitten des schmalen
Grüngürtels zwischen der Mainzer Landstraße und den
„Griesheimer Alpen" – in der Nachbarschaft von
Schienensträngen und Schrottautos, Gebrauchtwagen und
Fabrikschornsteinen.

Meist verharrte es regungslos wie ein Denkmal und hatte den
Kopf gesenkt. Nie sah man, dass es Futter zu sich nahm oder
Wasser.
Mitunter aber war auch was Rebellisches um das Pferdchen.
Dann flatterte beim Galopp seine Mähne im Wind und es
schaute den vorbeifahrenden Zügen nach.

Einmal spielten Kinder mit ihm, ein anderes Mal trabte es mit
ein paar Schafen um die Wette. Und irgendwann saß ein Bub
auf seinem Rücken.

Wenn man mit der S-Bahn an der Stelle vorüber fuhr, wo das
Pony stand, dann suchten die Augen schon lange vorher nach
dem schwarz-weißen Punkt im Gestrüpp von Büschen und
Bäumen.

Seit einiger Zeit suchen sie vergebens, das Pferd ist
verschwunden. Für immer? Ist der Besitzer gestorben. Das Tier
selbst aus Altersschwäche vielleicht? Wer weiß?

Der schwarz-weiße lebende Punkt in der öden Industrie-
Landschaft wird künftig fehlen.

„Es war ja nur ein Pony, nun werden Sie nicht sentimental" sagt der Sitznachbar im Abteil, als wir uns über das Pferd unterhalten.

Liebe

Lieben und hassen
Botschaften austauschen
Einen Ginsterzweig an die verschlossene Tür hängen
Und Maiglöckchen über die Schwelle streuen
Dem Hund zärtliche Worte ins Ohr flüstern
Und den Liebsten meinen
Die Schattenwolken verscheuchen
Und die Sonnenstrahlen in einem
Glas fest verschließen.

Eisberge zum Schmelzen bringen
Gebirge sprengen
Ozeane trockenlegen
Wüsten bewässern
Wolken peitschen
Und Tränen trocknen
Mit der Sonne über den Hügel steigen
Zwei Einsamkeiten zusammenbinden
Und den Alltag in helles Licht tauchen

Metamorphose

Es gab einmal in einem Frankfurter Stadtteil im Westen einen ganz besonders hübschen Punker.
Sein streichholzkurzes Haar war lila-grasgrün-karottenrot und weizengelb -gesprenkelt, an den Ohren trug er rostige Sicherheitsnadeln und um Schultern und Arme klirrende Ketten. Und wenn er so durch den Ort stapfte, da schauten ihm die Mädchen bewundernd nach und die Leute auf der Straße blieben stehen und drehten sich nach ihm um.

Eines Tages aber konnte man unseren jungen Freund nur noch als einen „schlappen" Punker bezeichnen. Die Lederklamotten und Löcherhosen waren zwar noch die alten, aber die bunten Stoppelhaare hatte er entfärben lassen und statt der Sicherheitsnadeln baumelten dort jetzt silberne Ringe.

Dann aber blieb den Anwohnern endgültig die Luft weg und ihr Weltbild geriet gehörig ins Wanken.
Manche mussten zweimal hinsehen, ehe sie begriffen.
Da kam ER doch wirklich und tatsächlich in einem kamelfarbenen Tuchmantel und grauen Hosen – ohrringfrei – des Weges, die Haare penibel gescheitelt, die Schuhe frisch geputzt und in der Hand hielt er ein unsägliches schwarz lackiertes Aktenköfferchen.
Yuppie Hey!!

Spatzen-Taktik

Großstadtspatzen haben sich im täglichen Kampf ums Futter
zuweilen eigenwillige Taktiken angeeignet.
Am Hauptbahnhof zum Beispiel, sitzen die grauen
Federbällchen regungslos aufgereiht im Hintergrund und harren
der Dinge, die da kommen.
Kommen die dann in Gestalt einer Straßenbahn, fliegen sie wie
auf Kommando auf die großen Drahtpapierkörbe im
Vordergrund und warten dort auf die Aussteigenden.
Begehrt sind Mütter mit Kindern an der Hand, weil letztere
meistens etwas Essbares mit sich führen, wovon leicht eine
Krume zu Boden fallen kann.

Ganz ungenierte Mahlzeiten mit Passanten halten sie auch auf
der Zeil. Zum Entzücken von groß und klein hopsen sie auf
Bänke, Stühle und Tische und betteln wie verwöhnte Hunde.

Den Vogel unter den Vögeln aber schießt derzeit ein
Einzelgänger seiner Sippe ab.
Ein alter Frankfurter weiß von einem Spatz zu berichten, der
kurze Stücke mit der Straßenbahn mitfährt und im
Wageninneren von Fahrgästen gefüttert wird.
Der Mann hat's mit eigenen Augen an der Haltestelle
Paulskirche gesehen, wo nebenan die klugen Römerbergspatzen
residieren.

Die Kapuziner

Ein paar Schritte nur sind Gegenwart und Vergangenheit
voneinander entfernt, trennen einen lärmgeplagten
Großstadtmenschen vom Verkehrsgewühl zur Oase der Stille.
Knapp drei Minuten von der Hauptwache, steht er plötzlich
„ Im Scharfengässchen 3", vor der wuchtigen Pforte mit der
Aufschrift: "Kloster der Kapuziner" und wundert sich, denn mit
einem Mal liegen quietschende Autobremsen und nervende
Taxihupen, Kaufhausgewühl und Kindergeschrei wie in weiter
Ferne.
Hier, hinter Kirche und Liebfrauenberg, umfangen ihn behäbig
dicke Klostermauern, gotische Wandelhallen und Kreuzgänge
aus rotem Sandstein, gruppiert um einen Innenhof mit
Brunnengeplätscher.

Erinnerung an eine Begegnung vor vielen Jahren:
Aus einer der Türen schlurfte ein alter, bärtiger Ordensmann in
brauner Kutte und Sandalen, in der einen Hand einen
Schlüsselbund.
„Bruder Pförtner ist konservativ", erklärte damals Pater Bardo
und lachte über das ganze Gesicht. „Er kann sich von seiner
Kutte einfach nicht trennen. Dabei hat unser Orden es uns schon
lange frei gestellt, ob wir sie noch tragen, oder nicht."
Pater Bardo („wie die „Bardot", nur ohne „t"), trug sie jedenfalls
nicht.
Er sah aus, wie man sich einen Kapuzinermönch normalerweise
nicht vorstellt. Grauhaarig, breitschultrig wie ein Farmer aus den
amerikanischen Südstaaten, grasgrünes Hemd, verwegen
gestreifte Krawatte.
„Die Kutte schuf unnötige Distanz" meinte er. „In der S-Bahn,
im Zugabteil, immer blieb der Platz neben mir leer. Selten kam
ich mit den Leuten ins Gespräch, und das sollte ja wohl nicht

sein. Heute sieht mir keiner an, dass ich Geistlicher bin."

Die Kapuziner in Frankfurt. Einst aus dem Bettelorden der Franziskaner hervorgegangen, siedelten sie 1917 endgültig in die Liebfrauenkirche im Herzen der Stadt über, um sich hier verstärkt der Seelsorge zu widmen.
Aber bereits viele Jahrhunderte früher, bestanden schon die Beziehungen der Mönche zum Liebfrauenstift, wobei sich am Anfang Kapuziner und Liebfrauengeistlichkeit nicht immer hold gesinnt waren. Bildete doch ein Hauptzweig des Kapuziner-Apostulates die Verkündigung des Wortes Gottes, das die Prediger auch in solch volkstümlicher Weise dem Volk nahe brachten, dass diese Predigten starken Zulauf fanden, was sich in einer Minderung der Besucherfrequenz in den anderen Kirchen bemerkbar machte.
So predigten Kapuziner oft in der gleichen Vormittagsstunde wie die Stiftsherren, die das als Konkurrenz empfanden.

Später jedoch verbesserten sich die Beziehungen zwischen Stiftsgeistlichkeit und dem barfüßigen Bettelorden zunehmend, und so wurden die Mönche, die früher nur in lockerer Bindung zum alten Liebfrauenstift standen, seit nunmehr 90 Jahren zu den Betreuern dieses ehrwürdigen Gotteshauses.

Pater Bardo sprach seinerzeit auch von den Nachwuchssorgen in seinem Orden. Von den acht Padres und den zwei Brüdern, die für das seelsorgerische Wirken und die sozialen Dienste zuständig waren, wobei immer die Seelsorge im Vordergrund stand und auch heute noch steht.
Stolz erzählte Pater Bardo, dass in der Liebfrauenkirche an Werktagen vier Messen gelesen werden, die täglich von 500

Menschen besucht würden, ein Rekord, wie der Pater nicht ohne Genugtuung erwähnte.

Auch als Beichtstuhlexperten waren und sind die Kapuziner besonders begehrt und geschätzt. Vor hohen Feiertagen arbeiten sie in Schichten.

Pater Bardo beklagte in seinem damaligen Gespräch, dass dadurch die Beschaulichkeit, das Studium der Bücher, das Philosophieren zu kurz kommt.

Früher entstanden in den Studierstuben der Klöster Bibelübersetzungen oder kunstgeschichtliche und theologische Werke von großer Bedeutung.

In unseren Tagen ist neben der Seelsorge die tätige Nächstenliebe und der Dienst am Mitmenschen Hauptanliegen des Ordens. War vor Jahren noch die Hausmission gefragt, so ist es heute die Telefonseelsorge. An zweiter Stelle stehen Krankenbesuche und Altenbetreuung.

Und der Orden hat stets sein Herz für die Ausgestoßenen der Gesellschaft geöffnet und für jene, die auf der Straße leben. Es gibt regelmäßige warme Mahlzeiten für sie und wenn ein Stadtstreicher an die Klosterpforte klopft und um einen Teller Suppe bittet, wird er nicht weggeschickt, obwohl es manchmal Ärger mit der Polizei gibt, die sagen, dass der Orden die Leute direkt anziehen und es ihnen zu einfach machen würde.

Der Pater, dessen Name wie der von Brigitte Bardot klingt (nur ohne „t!) hatte bei jenem Treffen auch erwähnt, dass er gern in der unruhigen Mainmetropole lebt. Er bezeichnete Frankfurt als eine lebendige, pulsierende Stadt und bejahte sie in alle ihren Krisen, Schwierigkeiten und oft fehl gelaufenen Entwicklungen. Er wolle nirgendwo anders sein.

Das Leben im Kloster mitten in einer Großstadt gleicht einer gut funktionierenden Wohngemeinschaft. Die kargen Zellen früherer Jahre existieren nicht mehr, sind einfachen und kleinen, aber behaglich ausgestatteten Einzelzimmern gewichen.

Mittelpunkt des Klosters bilden wie eh und je Kapelle und Refektorium – der Speisesaal – wo sich alle Klosterinsassen wenn irgend möglich zum täglichen gemeinsamen Mittagessen versammeln.

Während die Patres für Seele und Geist zuständig sind, kümmern sich die Brüder um Haus und Hof, um die Küche und ums Kochen, wobei sie manchmal von einem Profi-Koch oder einer Köchin unterstützt werden.

Am Abend finden sich die Ordensleute zum Gespräch zusammen. Oft erfolgt es in gelockerter Form, bei einem Glas Bier oder Wein, bei einer Zigarre.

Pater Bardo damals schmunzelnd: „Wir sind zwar arm an irdischem Reichtum, doch wir können sehr lustig sein, und wir lachen auch viel. Nicht immer wird geistiger Tiefgang betrieben."

Und doch brachte und bringt das enge Zusammenleben zwischen den jungen und alten Männern Gottes bisweilen echte Konflikte.

Diese Probleme und persönlichen Schwierigkeiten werden dann ausdiskutiert und in stundenlangen abendlichen und nächtlichen Sitzungen analysiert und motiviert.

„Und am Ende vertragen wir uns eigentlich immer wieder" sagte vor vielen Jahren Pater Bardo im grasgrünen Hemd und lächelte, während draußen im Klosterhof der Bruder Pförtner in der braunen Kutte mit den Schlüsseln klapperte.

Zweimal Frankfurt

Der junge Mann stand am Treppenaufgang zum Eisernen Steg und schaute sich suchend um.

Er schaute hin und her, blickte nach links und nach rechts, von der diesseitigen Mainseite rüber ans Sachsenhäuser Ufer und fragte schließlich ein Ehepaar, das gerade an ihm vorüberging in englisch gefärbtem Deutsch:" Sorry, a moment please, wo ist die Grenze?"

Die Angesprochenen guckten sich gegenseitig ratlos an. „Was für eine Grenze?" „ die zwischen Deutschland und Poland", meinte der Fremde.

„Irgendwas stimmt hier nicht", sagte die Frau zu ihrem Begleiter und bat den fremden Mann „erzählen Sie mal…"

Er war ein englischer Student und hatte in der Londoner Subway genau vor einem Jahr eine Krystyna aus einem kleinen polnischen Nest kennen gelernt. Die wollte er jetzt besuchen. Sie hatte ihm als Hinweis zu ihrer Adresse noch mitgeteilt, dass sie direkt an der Grenze wohnt, gleich hinter der deutschen Stadt Frankfurt.

Jetzt begriff die Frau. Sie schaute ihren Mann an und lachte laut. „Sie sind im falschen Frankfurt gelandet. Hier bei uns ist der „Main" und Sie wollen in das andere Frankfurt, das an der „Oder".

Als sie das unglückliche Gesicht des Londoners sah, meinte sie:" Wenn Sie nun schon einmal hier sind, dann zeigen wir Ihnen jetzt ein bisschen was von unserer Stadt und dann kommen Sie mit zu uns und können auch bei uns übernachten. Und morgen sehen wir dann weiter!"

Frau S. aus Sibirien

Sie sitzt in ihrem Wohnzimmer auf der braun -gemusterten
Couch wie bei sich selbst auf Besuch.
Mit slawischem Akzent erzählt sie aus ihrem bewegten Leben.
Sie ist klein, fast schmächtig, und sie sieht älter aus, als sie ist.
Bevor Frau S. vor zwei Jahren in eine Wohnung nach Frankfurt-
Heddernheim zog, kam sie direkt aus Sibirien.
Sie hat als Ukrainedeutsche dort siebenundzwanzig Jahre ihres
Lebens in einem Arbeitslager zugebracht. Wenn die Fotos nicht
wären, ihr lückenloses Erinnerungsvermögen und ihre
abgearbeiteten Hände, könnte man glauben, ihr Schicksal sei aus
einem unwirklichen Roman gegriffen.
So aber schildert sie sachlich und ohne jede Emotion ihre
Erlebnisse in all den bitteren Jahren.

Immer wieder kommt sie auf die schwere Arbeit zu sprechen
(die Russland-Deutschen haben Straßen gebaut und in
Steinbrüchen geschuftet) und immer wieder redet sie von der
klirrenden Kälte und dem vielen Schnee.
Als sie in Deutschland ihre eigene Wohnung bekam, hat sie
zuerst wochenlang allein in ihren vier Wänden auf der Bettkante
gesessen und vor sich hingestarrt.
Als es um die Weihnachtszeit herum zu schneien anfing, setzte
sich in die kleine Anlage auf eine Bank und ließ sich völlig
einschneien. Die Nachbarn fanden sie und wollten sie
hereinholen, aber sie hat nur gesagt:" Lassen Sie mich bitte. es
ist doch wie daheim, mit dem Schnee jetzt."

„Daheim" ist für sie immer noch Russland, und als sie wegen
eines Rückenleidens nicht mehr arbeiten konnte und die Papiere
für eine Ausreise nach Deutschland erhielt, hat sie lange
gezögert.

Ganz allmählich erst hat sie sich in der neuen Heimat zurechtgefunden. Am Anfang traute sie sich wegen der „Maschinen" nicht auf die Straße. Gemeint waren die Autos. Die Tapeten in ihrer Wohnstube und in ihrem Schlafzimmer bezeichnet sie als „Papier an den Wänden" und auch Kirchenglocken hat sie hier zum ersten Male gehört.

Die Leute aus der Straße sind ihr immer etwas fremd geblieben, wenngleich sie inzwischen Anschluss an einen kirchlichen Kreis gefunden hat und mit viel Elan – und auch mit Freude und sichtlichem Vergnügen – Ausflugsfahrten mit dem Bus unternimmt.

In ihrer Wohnung fühlt sie sich wohl. Sie hat sie nach ihrem Geschmack möbliert: Erinnerungen, die gerahmt an der Wand hängen, ein gesticktes Bild, ein buntes Kissen, eine Vase mit Rosen auf dem Tisch.
Nur das Klima, sagt sie, macht ihr noch zu schaffen. Die Luft verursacht Nasebluten und Atemnot.

Erstaunlich gut hat sich Frau S. an die Kaufhäuser, Supermärkte und an das nahe große Einkaufszentrum in der Nordweststadt gewöhnt.
Sie, die den größten Teil ihres Lebens in Weltabgeschiedenheit und Einsamkeit verbracht hat, geht heute mit wachen Augen und kritischem Verstand durch die Läden, wählt mit Bedacht aus und lässt sich auch an der Tür „nichts aufschwätzen."
Noch immer ist sie freilich sprachlos über die Fülle und Auswahl der Lebensmittel in den Regalen. Sie „leistet" sich jetzt „gute" Butter, feine Wurstsorten, die sie nie kannte, exotische Früchte, wie Ananas und Kiwi, und natürlich dann und wann eine Tafel Schokolade für die Seele.

Nicht alle, die mit ihr zusammen nach Deutschland einreisten, haben sich so gut wie Frau S. an den ungewohnten, anderen Lebensstil gewöhnt und angepasst.
Ein junger Mann schlief in der ersten Zeit in seiner neuen Wohnung auf dem nackten Fußboden. Als Schrank und Tisch dienten ihm große Pappkartons, die seine wenigen Habseligkeiten enthielten. Erst die Dame vom Amt konnte ihn dazu überreden und bewegen, bei den Behörden einen Antrag für Bett, Tisch und Stuhl auszufüllen.
Andere Nachbarn von Frau S., ein Ehepaar aus der Ukraine, hatte zwei Monate gebraucht, um zu begreifen, dass man in der Bundesrepublik in ein Geschäft gehen und sich etwas aussuchen kann, dass man aber auch „nein" sagen und den Laden wieder verlassen kann, ohne etwas zu kaufen.

Nicht wenige der Russland-Deutschen kamen in erschreckender körperlicher Verfassung in Hessen an. Manche von ihnen trugen altertümliche Gebisse, die aus einer Art von Eisenstangen bestanden. Die hiesigen Zahnärzte konnten nur mit dem Kopf schütteln.
Und viele der Bekannten von Frau S. waren psychisch und physisch am Ende ihrer Kräfte. Ein alter jüdischer Emigrant fand sich überhaupt nicht mehr zurecht; er nahm sich das Leben - im neuen Leben!

Das Römertelefon

Vor vielen Jahren sah ein Frankfurter sein Stadtoberhaupt auf
dem Bildschirm. Er schaute ihn sich genau an, griff zum Hörer
und wählte die Nummer des Römertelefons.
„Entweder", sagte er zu der erstaunt lauschenden Dame am
anderen Ende der Leitung, „trägt unser OB zu enge Anzüge,
oder aber sein Bauch ist zu dick!"
Der Rat des besorgten Anrufers: Rudi Arndt solle mehr auf
seine Gesundheit achten, ein paar Pfund abnehmen (was dieser
auch brav damals getan hat) und anstelle von Bier lieber öfters
Sprudelwasser trinken.

Das war einer von zahlreichen originellen Ratschlägen, die aus
dem Rahmen der sonst üblichen Routinefragen fielen.
Seit nunmehr 40 Jahren gibt es den Bürgerservice am
Römerberg, eine Einrichtung, die sich mit vielen
hunderttausenden von Anregungen, Nachfragen, kuriosen
Wünschen oder Beschwerden aus dem Kreis der Bevölkerung
und mit ebenso vielen persönlichen Beratungen, Gesprächen
und Auskünften befasst hat und noch immer befasst und damit
in der Bundesrepublik an der Spitze aller ähnlichen Stellen steht.

Es ist das unbürokratische Prinzip der Arbeit, das die Leute
anspricht. Sie können sich am städtischen Telefon frei und ohne
Hemmungen artikulieren, wobei der Anonymität an der Strippe
große Bedeutung beigemessen wird.
Außerdem kommt dazu, dass die Anfragen und Anliegen, die
Wünsche und die Beschwerden nicht im Verwaltungsfluss
versickern, sondern dank der erfreulichen
Mithilfe aller Ämter unverzüglich aufgenommen und
beantwortet werden.

Ein weiteres Erfolgsgeheimnis des „heißen Drahtes" ist (auch) die Tatsache, dass das Römerberg-Team fast alles auf Anhieb weiß oder im Stande ist, es in Kürze herauszuknobeln, seien es nun komplizierte Sachverhalte, verzwickte juristische Zusammenhänge oder einfach nur kniffelige Fragen.

Was wollen nun die (Mit) Menschen so alles wissen?
Wo man zum Beispiel eine Gulaschkanone für einen Kindergeburtstag herkriegt, ob man sich in Frankfurt ein Pferd mieten und in der City herumreiten kann. Und wo man es beim Einkaufen parkt.
Oder wie der Balljunge beim Golf heißt. Hätten Sie's gewusst? Für die Spürnasen vom Römerservice „kleine Fische!"
Etwas schwieriger wird es dann schon bei den Fragen, warum ein Nachmieter die von der Vormieterin übernommene Markise partout nicht runterlassen will, ob der TSV München mehr Mitglieder hat oder der FC Bayern, und was es kostet, eine Katze im Zug von Hamburg nach Frankfurt zu transportieren. Aber auch die Skala der telefonisch durchgegebenen Verbesserungsvorschläge und der Anregungen, der Hinweise, Ratschläge und Wünsche und letztlich der Klagen und kleinen Kümmernisse von Bürgern, ist weit gespannt.
Vielfach geht es dabei um Sparmaßnahmen, die wirtschaftlich denkende Zeitgenossen ihren Stadtvätern ans Herz legen möchten – oder um verkehrstechnische Probleme.
Etwa Zebrastreifen, die nicht mehr nach Zebra aussehen, Rolltreppen, die nicht mehr rollen und Ampeln, die Fußgänger zu olympischen Spurts antreiben, weil ihre Phasen zu kurz geschaltet sind.
Dinge, die einheimische und eingeplackte Steuerzahler ärgern und die sie – neben den kommunalen Problemen und den Fragen im sozialen Bereich – an erster Stelle beschäftigen.
An zweiter Stelle rangieren die Beschwerden über Umweltverschmutzung, über wilde Müllablagerung auf

städtischen und privaten Grundstücken, über Lärm bei
Bauarbeiten und über die Sorglosigkeit im Umgang mit
Straßenbäumen. Und manchmal regen sich Anrufer, die sich
gern ärgern, auch noch über die Tauben auf und über die Hunde
auf Frankfurts Straßen.

Natürlich treiben mitunter Zeitgenossen ihren Schabernack mit
den schlauen Füchsen vom Römerberg.
Einmal rief einer an und stellte sich am Telefon mit seriös
klingender Stimme als Student der Biologie vor. Für eine
Examensarbeit benötige er verlässliche Zahlen über die
Population der Haussperlinge in Frankfurt.
Der so Angesprochene vom Bürgerbüro zögerte nicht einen
einzigen Moment, „ es waren exakt 17 Millionen und
dreihundert vierundfünfzig bei der letzten großen
Spatzenzählung", erklärte er liebenswürdig.

Wenn die Linden Trauer tragen

Morgens der Nebel, mittags eine fahle Sonne hinter alten
Bäumen, die lange Schatten werfen.
Fallende Blätter, verblassende Hortensienblüten, Spinnweben
ziehen Erinnerungsfäden, Linden tragen Trauerkleider, Birken
und Kastanien noch Gold.
Novemberstimmung! Zeit für einen Besuch bei den Toten.

Flammendes Rot an der Wand zum Höchster Friedhof. Ein
Ahornblatt klebt dem Engel aus Stein am rechten Flügel.
Amseln scharren im Laub. Die Blume des elften Monats heißt
Erika. In allen Schattierungen – von intensivem Lila über Rosa
und Weiß schmückt sie die Gräber.
Ein Licht anzünden für Ottilie und Josefine, für Anna und
Georg, eines auch für Babette, die fünfzig Jahre Dienstmädchen
war und dafür das Bundesverdienstkreuz erhielt. Von Speyer
kam sie nach Höchst, um hier ihren Lebensabend zu verbringen;
kurze Zeit nur in der Geborgenheit einer Familie, dann ist sie
gestorben – ein trauriger Tod für ein Leben voller Mühsal und
Arbeit.

Wachsrosen und heitere Melancholie an der Ruhestätte der
„Armen Dienstmägde Christi". Theresa, Franziska, Elisabetha,
und die anderen frommen Frauen haben hier ihren letzten
„Wohnsitz" gefunden.
Ein paar Schritte weiter gelbe Astern für den Amtsgerichtsrat
und gegenüber die Inschrift:" Beweint und unvergessen" und ein
Meer von frischen Blumen für „Margot" – wer immer sie
gewesen sein mag.

Die Grabsteine von heute erzählen keine Geschichten mehr wie
die weißen Tempel und Pagoden, die Häuser und Paläste

für die Toten in Frankreich, wie die Ahnengalerien und in Marmor gehauenen Eitelkeiten in Italien, wie die verwehten Keltenkreuze in England, von morbider Schönheit und Tristesse, wo die Schafe zwischen Efeu und bemoosten Steinen weiden. Auch nicht wie der Gottesacker neben der Kirche in dem kleinen Dorf irgendwo in den Bergen, mit seinen Kränzen und Kruzifixen unter Glashauben und den Fotos der Männer und Mädchen, der alten Frauen und Kinder mit den seltsam verschlossenen, ernsten Gesichtern und den meist tragischen Lebensschicksalen.

Weiter geht es, mit einem Rondo von Mozart im Ohr und Hölderlin-Versen im Herzen.
An der Kreuzigungsgruppe tritt der alte Teil des Friedhofs in den Hintergrund und der neue kommt ins Blickfeld.
Eben noch Park, dann Gartenlandschaft, jetzt nur noch monotone gepflegte Langeweile.
Es ist viel gestorben worden in letzter Zeit, die Toten brauchen Platz und es müssen neue Liegestätten gefunden werden.
Auch die immerwährende Ruhe dauert nicht mehr allzu lange.
In der Regel ist die Ewigkeit nach zwanzig Jahren zu Ende, wenn die Zurückgebliebenen die Miete für die letzte Adresse nicht zehn Jahre lang weiterzahlen wollen.

Noch einmal ein Licht für Käthe, ein Gebet für Johanna, die schlichte, warmherzige Frau, die nur Liebe und Güte zu verschenken hatte – alle Tage ihres Lebens.
Einen Augenblick verweilen und sich an sie erinnern, dabei leise frösteln, Nebelnässe im Haar und keine Sonne mehr im Rücken.
Elstern und Krähen schreien sich heiser, kreisen über den Köpfen derer, die gekommen sind, die Toten zu besuchen.

Dann ein Gräberfeld im Gleichschritt: Für die deutschen Bombenopfer im letzten Kriegsjahr. Allerseelensträuße und

Tannenzweige über kleinen Erdhügeln. Das Datum auf fast allen Steinen: der 22. März 1944.
Nur hundert Meter entfernt davon Steinplatten mit fremdartigen Namen unter einer Grasdecke in die Vergangenheit abgedrängt.
Keine Blumen für Tadensz Machalik, keine Kerzen für Julien Postugatsz und Jan Bryndak.
Stanislaw Zawadzki war 23 Jahre jung, als er starb. Jean Ryblatek nur wenig jünger. Kannten sie sich? Waren sie Freunde?
Ihre letzte Ruhestätte fanden die beiden jungen Männer auf dem Höchster Friedhof. Das Todesjahr: 1948.

Zweihundert Gräber polnischer und russischer NS-Opfer sind hier zu finden.
Namenlose, unbekannte, vergessene Schicksale, aber auch Tote, von denen man wusste, woher sie kamen.
Eine Frau aus dem Taunus pflegte die Gräber jahrelang, stellte frische Blumen hin, zündete Kerzen an. Nun hat man sie lange nicht mehr gesehen. Aber auch sie wusste nichts über die jungen Polen, von denen manche 1945, viele aber erst nach dem Krieg, zwischen 1946 und 1948 gestorben sind.
Warum starben sie, nachdem sie Krieg und Naziherrschaft überlebt hatten? Waren es die Auswirkungen der NS-Zeit, die ihre Körper und Seelen ruiniert hatten? Gibt es noch Eltern, die an ihren Sohn denken? Geschwister?
Fragen, auf die wohl keiner eine Antwort weiß.

Es ist dämmrig geworden und dunstig. Ein kalter Wind wirbelt die Blätter hoch, zerrt an dürren Ästen.
Der Engel mit dem Ahornblatt ist nur noch als Silhouette zu erkennen. Zeit zu gehen. Abschied von denen, die nicht mehr sind.
Es kehrt wieder Alltag ein in der Totenstadt. Ein Alltag mit Beerdigungen und Bestattungen, mit Tränen und großen Worten

an offenen Gräbern, mit Lorbeerbäumen und dem Largo von Händel, drüben in der Kapelle, mit Totengräbern, Pfarrern und rüstigen Rentnerinnen, die mit Gießkanne, Harke und Plastiktüte hantieren und mit Besuchern, von denen manche jeden Tag wiederkommen, sommers wie winters.

Man verlor sich im Gewühl – wie Goethe Frankfurt sah

„Am liebsten spazierte ich auf der großen Mainbrücke. Ihre
Länge, ihre Festigkeit, ihr gutes Ansehen machte sie zu einem
bemerkenswerten Bauwerk; auch ist es aus früherer Zeit beinahe
das einzige Denkmal jener Vorsorge, welche die weltliche
Obrigkeit ihren Bürgern schuldig ist.
Der schöne Fluss auf- und abwärts zog meine Blicke nach sich,
und wenn auf dem Brückenkreuz der goldene Hahn im
Sonnenschein glänzte, so war es mir immer eine erfreuliche
Empfindung.
Gewöhnlich ward dann durch Sachsenhausen spaziert und die
Überfahrt für einen Kreuzer gar behaglich genossen.
Befand man sich nun wieder diesseits, da schlich man zum
Weinmarkt, bewunderte den Mechanismus der Kräne, wenn
Waren ausgeladen wurden; besonders aber unterhielt uns die
Ankunft der Marktschiffe, wo man es mancherlei und mitunter
so seltsame Figuren aussteigen sah.
Ging es nun in die Stadt hinein, so ward jederzeit der Saalhof,
der wenigstens an der Stelle stand, wo die Burg Kaiser Karls des
Großen und seiner Nachfolger gewesen sein sollte,
ehrfurchtsvoll gegrüßt.
Man verlor sich in die alte Gewerbestadt und besonders
Markttages gern in dem Gewühl, das sich um die
Bartholomäuskirche herum versammelte.
Hier hatte sich die Menge der Verkäufer und Krämer
übereinander gedrängt und die Buden des so genannten
Pfarreisen waren uns Kindern sehr bedeutend, und wir trugen
manchen Batzen hin, um uns farbige, mit goldenen Tieren
bedruckte Bogen anzuschaffen.
Ich erinnere mich auch, dass ich immer mit Entsetzen vor den
daran stoßenden engen und hässlichen Fleischbänken geflohen
bin.

Der Römerberg war ein angenehmerer Spazierplatz. Der Weg nach der neuen Stadt, durch die Neue Kräme, war immer aufheiternd und ergetzlich; nur verdross es uns, dass nicht neben der Liebfrauenkirche eine Straße nach der Zeile zuging und wir immer den großen Umweg durch die Hasengasse oder die Katharinenpforte nehmen mussten…"

Johann Wolfgang von Goethe: „Dichtung und Wahrheit"

Die drei Wandergesellen

Haltestelle Offenbach-Bieber der S-Bahn nach Frankfurt Innenstadt und weiter nach Wiesbaden. Der nächste Zug fährt um 14.57 Uhr, jetzt ist es 14.30 Uhr – Zeit genug für ein Gespräch mit drei ungewöhnlichen Reisenden.

Das Trio fiel einem vorher schon in der Waldstraße auf. Zwei junge Männer mit schwerem Gepäck: Tornister, Schlafsack und Kochtopf – und ein struppiger, schwarzer Hund.

Der Vierbeiner hat sich den müden Schritten seiner Begleiter angepasst und trottelt in Gedanken versunken nebenher.

Sie sind seit vier Jahren auf der Wanderschaft, die drei – und im Augenblick drücken die Schuhe mal wieder ganz besonders und brennen die Füße. Deshalb nehmen sie die Bahn nach Wiesbaden, denn sie wollen von dort weiter, immer am Rhein entlang bis in die Niederlande.

Acht Beine sind im gleich bleibenden Rhythmus stundenlang, tagelang, wochenlang, monatelang marschiert und gelaufen. Die beiden Männer haben sich unterwegs getroffen und sich zusammengetan; den Hund fanden sie genau vor einem Jahr an einer Autobahnraststätte bei Karlsruhe.

„Irgend so ein Schwein hatte ihn aus seinem Wagen geworfen", sagt der eine und tätschelt den großen haarigen Kameraden mit den bernsteinfarbenen Augen.
„Den geben wir nicht mehr her", meint der andere, und der Hund versteht das offenbar und legt seine Schnauze in die Hand des jungen Mannes.

Sie wollten sich die große Freiheit um die Nase wehen lassen und sind einfach „ausgestiegen", aus einer Freizeit, die aus Kneipen, Saufen, Fernsehen und Herumgammeln bestand. Auch aus einem Arbeitsplatz, der ihnen immerhin einen handwerklichen Abschluss beschert hatte, den sie jetzt gut gebrauchen können. Einer von ihnen ist Schlosser, der andere Modelltischler. „Das goldene Handwerk ernährt n och immer seinen Mann" sagt der mit der lila Weste und grinst. Unterwegs haben sie mal hier und mal da ausgeholfen und gearbeitet. Beim Dorfschmied, beim Bauern, in der Fabrik, in einem Handwerksbetrieb.

Sie haben halb Europa durchstreift und in Hütten und Heuschobern, Scheunen, Ställen, Garagen, Wirtshäusern, bei Kumpels, in Jugendherbergen, auf freiem Feld, am Strand in Ibiza und in Spelunken in Lissabon geschlafen.

Sie haben so viele Freunde getroffen, dass ihr Notizbuch mit den Namen nicht mehr ausreicht. Gerade kommen sie aus dem Rodgau, wo ihnen das Mädchen Barbara, das sie in Südfrankreich trafen, ein Nachtquartier und ein Klasse-Essen spendiert hat.

Mit dem Hund gab es nie Schwierigkeiten. Einmal nachts bekam er Koliken. Die Männer massierten ihn und gingen anderntags zum Tierarzt. „Da hatte der sich an unreifen Äpfeln überfressen, die er ganz besonders liebt und sie gleich pfundweise verdrückt."

Unterwegs hatten die drei Wanderer auch Profis getroffen. Zunftgesellen, die auf der Walz waren, künftige Zimmermannsleute. Dann sind sie manchmal zu viert und zu fünft weiter gezogen, ins nächste Dorf, in die nächste Stadt, haben bei Feuerwehr -und Sängerfesten mitgemacht - bis sich ihre Wege wieder getrennt haben. haben.

„Was du so alles erlebst draußen, da könntest du ein Buch
schreiben."
Gelegentlich sind die drei Tramps auch mitgenommen worden:
von Brummi-Fahrern, von amerikanischen Soldaten in Bamberg
und sogar von einem Mercedes-Besitzer aus Hamburg, der
widerspruchslos Männer und Hund in sein edles Gefährt einlud
und obendrein noch ein duftes Frühstück stiftete.

Aber das waren die Ausnahmen. Die meisten Zeitgenossen
reagierten verständnislos, abweisend und unfreundlich auf
Fragen, Bitten oder Wünsche der Tippelbrüder und dem Hund.
"So mancher Bauer hat uns vom Hof gejagt, wenn wir
bescheiden anfragten, ob wir im Schuppen nächtigen dürfen",
erzählt der jüngere. Der ältere erinnert sich noch mit Schrecken
an den kleinen Ort im Bayerischen Wald, wo ihr Hund sich mit
einer Kuh anlegte und man sich plötzlich auf einer Polizeiwache
wieder fand.
Aber dann stellten sich die Hüter des Gesetzes als besonders
aufmerksame Gastgeber heraus, die ihre „Gäste" ins eigene
Familienleben einluden und am anderen Tag noch Wegzehrung
für die Wanderschaft anschleppten.

Längst war die S-Bahn in Offenbach angekommen und in
Richtung Wiesbaden weitergefahren. Im Abteil erregten die
wettergegerbten Globetrotter mit ihrem vierbeinigen Freund
einiges Aufsehen.
Am Wiesbadener Hauptbahnhof sagten sie „Adieu", ihr
Händedruck war kräftig. Den Hund nahmen sie in ihre Mitte,
und als schwarzer Punkt war er noch lange zu erkennen.

Konkurrenzlos

Es waren einmal zwei Supermärkte, die in der Leipzigerstraße in Bockenheim unmittelbar aneinander grenzten.
Zwei Firmen, die eigentlich Konkurrenzunternehmen sind, lagen Haustür an Haustür.

Am Anfang glaubten die Leute, dass so etwas nicht gut geht, dass einer den anderen kaputtmachen würde.
Aber es ging gut. Sehr gut sogar.

Betrat man den Laden X und verlangte eine bestimmte Ware, die aber gerade ausgegangen war, so wurde man an das Geschäft Y nebenan verwiesen, welches sie neu hereinbekommen hatte. Und gab es ein Sonderangebot bei der Firma Y, so machte einen die Firma X darauf aufmerksam.

Eines Tages aber trauten die Hausfrauen ihren Augen nicht und begannen, an ihrer Sehkraft zu zweifeln; saß da doch tatsächlich an der Kasse vom Supermarkt X freundlich lächelnd die „Frau Müller", sonst Kassiererin bei der Firma Y.

Des Rätsels Lösung: die Kollegin des Nachbarunternehmens war plötzlich erkrankt und ohne großes Aufhebens schickte die Konkurrenz ihre Frau Müller als Aushilfe.

Die jeweiligen Geschäftsführer wehrten das Lob der Kunden lässig ab. „Wir wollten nur mal zeigen, dass es einen friedlichen Wettstreit geben kann, ohne dass unser Profit darunter leidet!"

Wie Goethe von Frankfurt aus die Welt sah

Dieses ist das Bild der Welt,
Die man für die beste hält,
Fast wie eine Mördergrube,
Fast wie eines Burschen Stube,
Fast so wie ein Opernhaus,
Fast wie ein Magisterschmaus,
Fast wie Köpfe von Poeten,
Fast wie schöne Raritäten,
Fast wie abgesetztes Geld,
Sieht sie aus, die beste Welt!

Es hat der Autor, wenn er schreibt,
So was Gewisses, das ihn treibt.
Der Trieb zog auch den Alexander
Und alle Helden miteinander.
Drum schreib ich auch allhier mich ein:
Ich möchte nicht gern vergessen sein!

Frankfurt am Main, den 28. August 1765

Keine Zeit für ein bisschen Traurigkeit

Die Bahn rauscht an winterlichen Kleingärten vorbei. Die Griesheimer Alpen, grau verschneit, erinnern entfernt an Rodelberge unserer Kindheit und sind doch bloß aufgetürmte Abfallhalden der Chemie.

Im Hauptbahnhof treffen sich sonntags heimwehkranke Griechen und Italiener. Die Bahnhofsmission verschenkt heißen Kaffee und Butterbrote, und die Bauersfrau aus der Rhön wundert sich über die Blumen auf den Tischen.

In der U-Bahn Ebene spielt ein bleicher Langhaariger Barockmusik. Auch Eilige bleiben einen Augenblick lang stehen.

In der Stadt. Ein paar Tauben nur. Schwarze, schmutzige Nässe, stürzende Schatten. Braungesprenkelte Vögel, die wie welke Blätter von den Bäumen fallen.

Aus vielen offenen Wunden blutet die Stadt. Aufgerissen und noch nicht vernäht und vernarbt liegen die Verletzungen bloß. Gräben , Maulwurflöcher – Furchen unserer Zeit.

Passanten zerren einen Betrunkenen von den Gleisen, ein Alter kauert am Straßenrand, wie ein weg geworfenes Bündel von Lumpen. Der schrille Ton einer Polizeisirene, Flittermädchen und die flüchtige Wärme einer Imbissstube.
Die Augen verschließen, einen Windhauch des kalten Tages an die Füße hängen, rückwärts gehen und den Kopf senken.

Früh im Jahr bin ich einmal über den Eisernen Steg gegangen, als der Himmel hell und hoch war, als die Boote auf dem

schmutzig -glitzernden Flusswasser dahin schossen, als im
Nizza unten am Main die Vögel in Stereo sangen und Männer in
weißen Unterhemden zahnlosen Gesichtes lachend winkten.

In jenem Jahr fand von Dienstag früh bis Donnerstagnachmittag
der Sommer statt, den sie auf der Zeil im Sonderangebot
verkauften.
Ich bin über den Römerberg gelaufen und sah den Dom im
stählernen Korsett eingezwängt. Die Glocken der
Katharinenkirche läuteten einen Sommertag ein mit zerlaufenem
Himbeereis, Pizza auf der Fußgänger –Zeil und schottischen
Musikern im Bauch von Frankfurt.
Schnell aber ging die Dämmerung in die Nacht über und ließ die
Dunkelheit wie eine schwarze Decke über die Stadt fallen.
Im Westend sind die ehemals weißen Tücher der Hausbesetzer
längst grau und zerschlissen.
Es gibt noch stille, heile Straßen hier, wo im Frühling in
Vorgärten Magnolienbäume blühen und rosa schäumend ein
Strauch. Viel Rosa hinter schwarzen Eisengittern.
Jetzt ist das Gras in den Vorgärten welk und verdörrt.

Manchmal habe ich die Sonne kalt in den Augen, und ich friere,
obwohl es schwül ist in der Stadt nach einem heißen Tag.
Auf der Bockenheimer Landstraße tragen die Kastanien schon
Wintergrün, und ein paar kahle Äste, die der Wind abgeweht
hat, kreuzen ihre Finger in den Himmel.
Vor Tagen noch fiel das Licht ein wie im Sommer. Jetzt ist die
Luft mild, der Tag schaut hinter Regenvorhängen hervor. Die
Frau auf der Zeil trägt einen gelben Regenmantel; die Farbe
tut weh, brennt in den Augen wie schwefelgelbe
Industrieschwaden

Frankfurt, Stadt der vielen B`s.

Der Buchmesse. Der Börse, der Bundesbank und Westend-Besetzer. Der Betonburgen und der Bäume, Bars und Bordelle, der Büroriesen und der Bankgiganten, der Bodenspekulanten und der Bahnhofs-Banden. Der Brauereien und der Biertrinker, der Bornheimer, Bockenheimer, Berkersheimer, Bergen-Enkheimer und der Bewohner von Bonames.
Frankfurt hat 660.000 Einwohner und 500.000 Arbeitsplätze, 285.000 Wohnungen und eine Million Besucher im Jahr – meist Japaner und US-Bürger.
Frankfurt hat die meisten Autos, die meisten Geldinstitute und die meisten Bäume. Und Frankfurt gilt als Erfinder des Okapi, ein ulkiges Tier, aus zwei anderen Tieren zusammengesetzt und im Zoo zu bestaunen.
Frankfurt hat auch den Monte Scherbelino, wie ihn die Jungen und Alten zärtlich nennen. Er war einst Kippe der Stadtreinigung und Trümmerberg nach den Kriegswirren. Heute ist der Berg aus Müll ein großes Stück Erholung und sonntägliches Familien-Spazierfahrt-Ziel – praktisches Beispiel auch, wie die Stadt ihre Vergangenheit bewältigt hat.

Im Nizza ist die Umwelt wie ein Lächeln. Feine alte Damen gehen mit feinen alten Hunden spazieren. Väter tragen ihre Kinder durch Sonnenkringel.
In einem Spielzeugladen dreht ein blecherner bunter Motorradfahrer seine Runden. Der Mann in der Lederjacke hat Augen wie ein Kind an Weihnachten. „Den kauf ich mir", sagt er.

In Höchst sind gestern zwei Jungen in den Tod gerast. Auf dem Motorrad. Das war gestern, und heute ist heute. Es bleibt keine Zeit für ein bisschen Traurigkeit.

Ein kleines Lädchen am Ende der großen Straße. Dort verkaufen sie Verbote. Runde und ovale, quadratische und rechteckige.

Auf einem steht: Das Betreten des Rasens ist verboten. Auf einem anderen: Hier dürfen Kinder nicht spielen. Und auf einem dritten: Hunde sind nicht erwünscht.
Der Besitzer des Ladens ist ein freundlicher weißhaariger Herr. Er sieht nicht aus, als ob er mit seinen Verboten viel Geld verdient.

Es ist heiß in der Stadt. Wohl 32 Grad und mehr auf dem Asphalt. Ich träume von einem bunten Bauernrock und roten Strümpfen und gelbledernen Schwedenpantinen.

Frankfurt. Bankfurt. Krankfurt. Vielgeliebt. Vielgehasst. Es gibt Vereine und Verbände hier mit eigentümlichen Namen. Einer heißt Verband für Freiheit und Menschenwürde. Ein anderer: Verein zur Förderung der sozial-ethischen Demokratie. Und dann gibt es den Verein türkischer Frauen und den Verband der Postbenutzer e.V. und den Verein zur Pflege der Kammermusik.

Mittags im Stadtwald, wo Frankfurts großes Volksfest stampft und tost, und wo sich die Sachsenhäuser mit den Spaniern und Türken für zwei Tage lang an einen Tisch setzen, wo fein gemachte alte Männer aus Italiens Süden, in schwarzen Anzügen und Hüten, für ihre Enkel rosafarbene Ungeheuer aus Plüsch und Nylonfell heranschleppen und die Frauen rote Blumen und weiße Herzen tragen. Ich sehe eine, die heißt

Elfriede. Auf dem Herz ist es mit Zuckerguss drauf geschrieben. Am Eingang steht der Vogel-Jakob. Der singt wie eine Nachtigall und flötet wie eine Amsel. Er gehört zum Wäldchestag wie die Dame mit den Bällen, die Fischbrötchenbudenbesitzerin und die verloren gegangenen Kinder und Hunde.

Abends dann, wenn die Dunkelheit hereinbricht und die Bürger unter den Bäumen sitzen, gesättigt an Leib und Seele, dann kommt ein kleiner Hauch auf von einer Glückseligkeit, die lange vergessen ist.

Eine Weile nur, dann reibt sich so ein Besucher die Augen, weil sie tränen vom beißenden Qualm der Bratwürste, und rückt näher an den Nachbarn.

DANKE

Ich danke meiner Tochter Katrin, die auch dieses Mal
wieder, wie bereits bei meinen beiden anderen
Büchern, die Mühe eines Layouts auf sich genommen
und umgesetzt hat.

Daneben hat sie meine Texte redigiert und mir meine
teilweise unrealistischen und verrückten Ideen
ausgeredet und die Sache „auf den Punkt" gebracht!

Die Fotos im vorliegenden FRANKFURT Buch sind in
Gemeinschaftsarbeit mit der Familie entstanden.

Christa Rosenberger wurde in Frankfurt am Main geboren.

Sie hat schon als Kind zusammen mit ihrem Vater die Sehenswürdigkeiten und reizvollen Winkel der Stadt am Main erkundet und entdeckt.

Als der Krieg ausbrach und 1944 die Altstadt durch Bomben in Schutt und Asche gelegt wurde, war sie im Westerwald evakuiert, hat aber nach dem Krieg bis zum heutigen Tag alle Entwicklungen und Aktivitäten um das wiedererstandene, neue Frankfurt beobachtet und liebevoll kritisch begleitet.

Als Journalistin war sie fünfundzwanzig Jahre für die Frankfurter Rundschau tätig.

Daneben verfasste sie Kurzgeschichten, feuilletonistische Reisebeiträge (FAZ, MERIAN) und Buchartikel.

Zudem war sie Mitarbeiterin bei INTERNATIONES – dem PR Organ der Bundesregierung im Auswärtigen Amt.

In den letzten Jahren hat sie eine Erzählung und ein Kinderbuch veröffentlicht.

Christa Rosenberger ist verheiratet, hat eine erwachsene Tochter und lebt in einem Taunusvorort.